회사가 무서워요

회사가 무서워요

이 순 남 지음

ㅁ가나북스

프롤로그

드디어 나의 꿈을 이루기 위한 첫 페이지를 시작한 것 같다.

차마 누구에게도 말하지 못한 직장 내 괴롭힘 경험들, 마음속에만 담아두었던 그때의 감정과 생각들, 한 글자씩 적어 내려가며 스스로에게 힘이 되길, 나에게 위로가 되길, 누군가에게 공감으로 다가갈 수 있기를 바라며 글을 적어왔다. 그 글들을 공개할 수 있다는 것에 매우 감사하고 한편으로는 부끄럽기도 하다.

꿈의 첫 페이지는 시작되었고 첫 페이지 속 수많은 빈칸 속에는 좋은 경험도 직장 내 괴롭힘에 대한 경험과 직장 내 괴롭힘 신고에 대한 경험 등 여러 이야기들이 적혀 있다. 직장 내 괴롭힘 같은 여러 가지 경험들 옆 괄호 속에는 우울함과 불안감, 분노, 인내, 공감, 배려, 위안, 평안 등 다른 수많은 감정들이 함께 기재되어 있다.

이제 겨우 내 인생의 도입부에 작성된 나의 직장 내 괴롭힘에 대한 글을 지켜봐 주면 감사하겠다. 퇴사하고 중간에는 가끔 쉬어 갈 수 있는 쉼표를, 마지막에는 나의 삶을 만족한 마무리 마침표를 찍을 수 있도록 노력하겠다.

이 책은 직장 내 괴롭힘에 관한 경험의 책 이자, 직장 내 괴롭힘에 대한 공감을 다룬 책이다. 직접 겪은 직장 내 괴롭힘을 어떻게 대처하였고, 어떤 결과가 나왔고, 어떠한 마음과 생각을 했는지 적어 보았다.

또한 이 책은 당신의 경험을 공감하고 당신의 마음을 이해할 것이다.

이 책이 당신의 지친 마음을 조금이나마 다독여 줄 수 있기를 바란다. 당신이 혼자서 너무 힘들어하지 않았으면 좋겠고 이내 치유받길 기원한다.

차 례

회사가 무섭기 시작했다.

직장 내 따돌림, 그 시작

---✖─◇─✖---

처음부터 부장이 날 싫어하고 괴롭힌 건 아니었다.

부장이 날 싫어했던 이유는 그냥 나라는 사람이 싫었을 수도 있고, 너무 예의를 차리려 하는 나의 행동이 거리감을 느끼게 했을 수도 있고, 아직도 나는 부장이 날 따돌린 이유를 정확하게 들은 적이 없다.

하지만 어느 정도 예상되는 부분이 있다.

부장은 같은 사무실 사람들 모두와 사이가 그다지 좋은 편이 아니었다. 회사가 자유롭고 분위기가 좋아서 전혀 모르고 있었지만, 나중에 사람들의 이야기와 그가 모든 사람에게 인사를 하지 않고 일부의 사람들 인사는 무시하는 것을 보고 알 수 있었다.

부장은 같은 사무실 사람 중 한 명을 경계했던 것이다. '자신을 내보내려 한다.'거나 우연히 내가 그 사람과 마주쳐서 얘기라도하는 날에는 불러서 '무슨 얘기를 했느냐', '그 사람은 날 싫어하고 우리 팀을 다 내보낼 수 있다.' 등의 근거 없는 이야기를 하기 시작하고 나중에는 내가 그 사람에게 우리 팀에 대해 안 좋게 얘기했다는 듯 의심하며 그걸 퇴사할 때까지 부장 혼자 말하고 부장 혼자 믿어왔다.

이런 견고한 믿음은 혼자 사내 정치를 하는 부장에게 팀원인 나는 자신의 충견인 것이고 믿었던 충견의 배신이며, 그 충견을 자신의 무리에서 버렸던 것이다.

같은 사무실에 부장의 경계인(?)과 점심시간이나 사적으로 커피를 마신 건 3번이고 나중에는 부장이 그 사람과 공적으로 이야기해도 경계하고 바로 나를 부를 정도라서 그 사람은 나를 위해 피해주었고 같은 사무실 사람들 또한 내가 부장에게 괜한 오해를 받을까 봐 걱정하여 인사하는 걸 제외하고 농담이나 대화를 1년 정도 아주 조심스럽게 가끔만 했다.

부장은 그렇게 끈질기게 노력하더니 결국 사무실 사람들에게서 나를 차단하고 팀 내에서도 따돌리기 시작했다. 아무리 부장에게 '아무 말도 안 했다.', '그냥 점심 먹고 차 마신 거다.' 수백 번 말해도 그는 이미 충견의 배신에 분노하였다.

　하지만 나는 계속 회사에 다녔다. '일로 나의 능력을 보여 주면 언젠가 인정해 주겠지.'라는 마음으로 계속 다녔다. 사람들이 독하다 할 정도로 무엇이든 해내고 버티는 게 나였다.

　난 애초에 사내 정치는 관심도 없었고 부장의 충견 노릇을 할 마음도 의지도 여유도 없었다.

"

**그리고 부장에게 알려주고 싶다. 회사에는 사람이 있고 동료가
있다. 충견이나 싸움닭이 있는 게 아니라!**

회사에 난 쓸모가 없는 것일까?

이 회사에 왜 있느냐니?

난 이때부터 회사가 두려워지기 시작했다.

어쩐 일로 부장이 자신의 친한 사람들을 모아 회식을 잡았다. 오랜만에 하는 회식이니 참석해서 소원해진 사이를 조금이나마 풀어보고자 했다. 하지만 그건 나만의 헛된 착각이었다.

회식 전날 사무실 사람들이 다 퇴근하고 혼자 야근하고 있었다. 퇴근 준비를 다 한 부장이 갑자기 면담을 하자며 불렀다. 그래서 회의실로 갔는데 처음에는 인사치레로 안부를 물어보았고 그다음에는 나에 대한 걱정을 해주었다.

그런데 걱정이 뭔가 이상했다. "이 회사는 너의 업무적 한계가 있는데 안타깝다. 욕심 있는 사람이라면 다른 회사 갔을 텐데 네가 왜 안 가는지 이해를 못 하겠다. 여기서는 전문적으로만 배우고, 연관된 부분은 배울 수 없다. 이 회사는 계속 이 상태일 텐데 전문적인 너의 일로 나중에 먹고 살겠느냐. 물론 너의 일은 있다. 근데 네가 다음에도 대기업 갈 수 있냐? 갈 수 없다. 네가 얼마 전에 성과 낸 거 그것도 대기업에서는 일도 아니다. 그냥 일부다"라고 걱정 아닌 걱정을 해 주었다.

이 회사에 왜 있냐는 소리와 일에 욕심이 없으며, 한 달 동안 고생하여 결재를 올려 최종적으로 승인까지 받아 실행한 나의 성과까지 무시하고 나의 이직까지 걱정 아닌 걱정을 해주며 다시 대기업에는 갈 수 없다고 하는데 몸이 간질간질 금방이라도 가시 하나가 나올 것 같았다.

다시 마음을 다잡고 걱정해 주셔서 그러신 거야, 이런 식으로 말해줘야 더 좋은 길로 갈 수 있으니까 독하게 말씀하신 거야 라며 그렇게 혼자 마음을 계속 삭이려 했다.

노력은 했지만, 다음 날 회식은 갈 수 없었다. 아무리 걱정이라고 믿으려 해도 그 순간 거기 있던 당사자인 나는 부장의 말투, 표정, 내용으로 '네가 싫어, 나갔으면 좋겠어.'라는 의미라는 것을 알 수 있었다.

이날 부장이 걱정이라는 감정으로 포장하며 이유 없이 나의 성과를 무시하고, 나가라는 식의 압박을 당하고 나니 앞으로 부장과 대화할 때는 녹음해야겠다고 생각했다.

면담 직후 부장에게 난 꾸벅 인사하며 "걱정해 주셔서 너무 감사드립니다. 걱정해 주신 만큼 잘하겠습니다."라고 말했다.

그날 면담 후부터 생각했다. 난 회사에 필요 없는 존재인가?

"
이쯤부터였구나 내가 사람 취급 못 받은 것이,
사람이길 포기한 것이.

야근 회사원

밤에도 일해야 겨우 회사원이 될 수 있었다.

───────── ✖ ◇ ✖ ─────────

이제 팀 내 따돌림은 익숙하다. 야근도 익숙하다.

팀이라고 해도 나까지 고작 3명이지만 모든 얘기를 나를 제외하고 다른 팀원에게만 얘기하기, 나의 담당 업무 파일을 다른 팀원과 전체 통으로 바꿔와서 통보하기, 회의 변경 시간을 안 알려주기, 팀원에게 내가 한 업무를 "이거 예전 내가 다니던 회사에서 이렇게 해와서 누구 맞았어."라는 말을 내가 바로 앞에 있는데 한다거나, 나를 제외하고 법인카드로 팀 회식, 팀 티타임을 하는 등 다양했다.

부장이 경계하던 그 사람은 퇴사했지만, 부장은 마치 권력을 잡았다는 듯 기고만장하며 직원들을 무시하기도 하고 라인 타기를 하며 여전히 사내 정치를 하였다. 난 겨우 사무실에서 오며 가며 사람들과 편하게 얘기는 할 수 있게 되었다. 같은 사무실의 사람들도 좋았고, 회사 사람들이 일 잘해 줘서 고맙다고 인사하거나 완벽하게 해 줘서 감사하다는 얘기를 듣는 게 좋았다. 일만으로 만족하고 노력에도 변함없는 부장의 모습에 이제는 나도 할 말만 하자 싶어서 업무적인 보고와 같은 것만 부장에게 말을 걸었고 나를 싫어하는 부장에게 나 역시 더는 노력하지 않았다.

하지만 가장 힘든 것은 회의에 참석하지 못하게 하는 것이었다. 나의 업무와 연관이 있거나 내가 필수로 회의에 참석하여 내가 변경하고 알아야 하는 회의 내용이라도 나를 제외하고 회의를 진행하고 공유가 없었다. (모든 팀원이 회의에 참석하는 것이 가능한 회사)

그러니 내가 처리하면 갑자기 퇴근 시간쯤 부장은 "그거 이번부터 바뀌었어. 내가 말 안 했나?"라며 일을 2번씩 하게 하는 건 기본이고 나중에는 새롭게 추가된 일도 말을 안 해서 한 달을 야근하고 그나마도 저녁을 안 먹고 일해야 집에 11시 전에 도착할 수 있어 늘 저녁을 먹지 못한 채 일을 해야 했다. 하지만 그 이후로도 새로운 일, 수정 등 공유해 달라고 부탁까지 하였지만 여전히 공유되지 않았고, 그렇게 난 야근을 이어갔다.

회의에 나를 참석시키는 것이 부장에게는 그리 어려운 일인가? 아니면 공유해 주는 일이 그리 어려운 일인가? 다른 팀의 인턴들도 참석하는 회의에 나를 참석하지 못하게 하는 건 다른 큰 뜻이 있는 건가? 부장이 휴대폰 게임을 하는 시간에 알려줄 수 없는 것인가? 내가 보이지 않는 건가?

이때의 상황과 감정은 정신건강의학과 진료기록 중 "저는 분명 살아있는데, 투명 인간 취급을 해요. 부장님이 계속 투명 인간 취급을 하고 무시해요. 일이 끝이 없어요."라고 말한 부분에 고스란히 남아 있다.

66

**나는 사람과 함께 공존해야 해서 해가 떠 있을 때도 일하고,
해가 진 밤에도 일해야 살아남을 수 있는 운명이다.**

방어하기

폭언에 나는 방어하기 시작했다.

이직을 준비하라는 말에 "지금 열심히 하고 있고, 앞으로 잘하겠다."라는 말이 나의 최선의 방어였다.

그날도 바빠서 점심시간에 식사도 못 하고 겨우 짬을 내서 음료를 마시러 간 지 5분 만에 급하게 처리할 일이 있다고 해서 다시 자리로 돌아왔다. 일을 잘 마무리하여 문제없이 흘러갔고 다른 팀원들은 급한 일이었는데 고맙다고 했다. 서로 고생했다고 다독이며 남은 일들을 하고 있었다.

그때 부장이 갑자기 할 얘기가 있다고 했다. 부장이 회의실로 먼저 가고 난 뒤 따라갔다. 가면서 휴대폰 녹음을 켰다. 의자에 앉자 부장은 이야기를 시작했다. 의미 없는 안부를 잠시 물어보고 "난 네가 이 회사에 마음이 뜬 것 같다. 혹시 마음이 뜬 거면 지금 말해줘라."라고 말을 하기에 "저는 열심히 일하고 다른 팀에서 알 정도로 일만 하는데 어느 부분에서 마음이 없다고 느끼셨냐."라고 되물어봤다.

부장은 "요즘 말이 없어서. 그냥 내 느낌이. 내 느낌이 그런 것 같아서 물어본다. 혹시 여기서 일할 마음 없는데 일 시키면 그러니깐 이직할 마음 있으면 말해라. 그러면 내가 일을 안 주겠다. 이직하도록 도와주겠다."라고 말했다.

아니 도대체 본인 느낌이 그래서 물어본 건 무엇이며, 이직할 마음이 있느냐고 물어보는 건 무엇인지, 이직할 마음이 있다면 일을 안 주겠다는 건 마치 내가 필요 없다고 말하는 것과 같았다. "요즘 일에 집중해서 말이 없어진 거고 여기 너무 좋고 일 잘하고 있습니다."라며 딱 잘라 말했다. 방어하기 위해 더 이상 듣고 싶지도 않다는 듯 가시 세우며 말했다.

부장은 "아니 회사가 중요한 시기라서 물어봤어"라는 등 말도 안 되는 말을 하고 "결혼 준비는 잘하고 있어?"라며 말을 이어갔다.

부장이 물어본 것처럼 당시 난 결혼을 앞둔 예비 신부였고, 백수로 결혼할 수도 없었고 앞으로 자리 잡기 위해 필요한 돈이 많아 회사에서 나갈 수 없었다.

그렇게 다시 자리에 돌아와서 일하고 퇴근한 후 집 앞에서 얼마나 울었는지 모른다. 울고 아무 일 없듯 웃으며 들어가서 가족도 친구도 예비 신랑도 알지 못하게 나만의 비밀로 남겨야 했다.

일도 열심히 하고 다른 팀과 소통도 원활하게 했으며, 부장에게 잘 보이려고 노력도 했고 팀원과는 잘 지내고 있었다. 하지만 부장은 날 끝까지 증오하고 말도 안 되는 이유까지 만들면서 내가 나가길 직접 말한 것이다.

차라리 정당한 실수나 이유가 있어서 이런 얘기를 직접적으로 들었다면 덜했을 텐데, 난 이날 정신건강의학과에서 처방받은 약과 눈물, 그리고 죽음에 대한 생각으로 버텼다.

직장 내 괴롭힘으로 삶을 마감한 사람들의 기사를 봤을 때 퇴사하면 더 아름다운 날들이 기다릴지도 모르는데, 나쁜 사람들은 살아있고 착한 사람들은 죽음을 고민한다는 것이 그저 안타까웠다.

그런데 그날 처음으로 그들의 마음을 이해했다. 저마다 당한 괴로움의 종류는 다르더라도 정말 마지막까지 견디고 노력해도 여전했고 지쳤을 거라고, 바로 그날 내가 그런 기분이 들었다.

"

그날, 그 말들은 나에게 위협적이고 충격으로 다가왔다.
그때 방어하기 위해 몸을 웅크렸고 난 아직도 거기에 머물러 있다.
웅크린 몸을 풀어야 하는데 점점 둥글게 둥글게 말고 있다.
아직 웅크린 몸을 풀지 못하고 있다.

쳇바퀴 위 회사원

언젠가는 알아봐 주겠지?

끝없는 일이 익숙해졌고, 일을 해내기 위해 결국 난 결혼식 준비까지 포기했다.

결혼 한 달 전 회사에 일이 많았다. 물론 공유하지 않고, 회의 불참시키기로 인해 두 번씩 하는 일 때문에 더욱 많았고 이 외에 새로 하는 일도 많았다.

결혼 한 달 전후로는 야근을 안 하고 간 적이 없었던 것 같다. 휴가를 사용했을 때도 노트북을 가지고 가서 일했다. 결혼식에 관련된 전화가 왔을 때 "제가 바빠서 신랑에게 연락해주세요."라며 모든 준비는 신랑이 했고 결혼식 일주일 전에는 결혼식장에서 웨딩영상이 아직 안 왔으니 보내 달라는 연락까지 왔었다. 남편 역시 일하면서 모든 준비를 혼자 하느라 힘들었고, 결혼식장에서는 답답했고, 결혼업체 담당자도 힘들었을 것이다. 나 역시 결혼식 당일 신부 입장곡, 퇴장 곡, 결혼식 순서를 알 수 있을 정도였으니.

이런 순간에도 부장은 괴롭힘이나, 나의 업무에 대한 폭언을 지속하였고 야근하며 일하고 있는 나에게 일은 안 하고 잡일을 한다는 듯 말했다. 언젠가는 한 번은 너무 말을 심하게 하기에 "부장님, 제가 밑 작업하고 그다음 입력한 후 다 만들어서 최종적으로 확인하시는데 저희 팀 다 고생하는 건 똑같죠. 고생 안 하는 사람이 어디 있어요."라고 웃으며 넘긴 적도 있다.

회사에서 날 필요로 하는 것도 좋았고 나의 업무가 있다는 것이 좋았다. '열심히 하면 알아봐 주겠지'라는 생각을 했는데 당시 난 깊은 착각에 빠져 있었던 것이다.

하루는 혼자서 야근하고 평소처럼 집으로 가는 길에 환승을 하기 위해 전철에서 내렸다. 분명 환승하는 역에서 내렸는데 다른 역에 있어 다시 환승하는 곳으로 가기 위해 반대편으로 가서 환승역으로 가는 전철이 맞는지 확인하고 탔다.

그리고 내렸는데 어느새 모르는 역에 와있었다. 그러고선 그냥 어린아이처럼 무서워서 엉엉 울었다. 걸어가며 울었고 화장실이 보이기에 들어가서 울었다. 가방에 휴대폰도 있었고 역무원이나 다른 사람들에게 물어볼 수도 있었지만 그런 생각조차 하지도 못했다. 그냥 어린아이로 돌아간 것 같았다. 한참 후 정신을 차리고 노선도를 보고 집으로 갔다.

당시 결혼 한 달 전으로 남편과 함께 신혼집에 살고 있었고 내가 야근 후 퇴근했다고 하면 도착할 때쯤 역에 남편이 마중 나오곤 했다. 길을 잃었던 그날 역시 남편은 나와서 기다렸고 난 남편이 눈치챌까 오는 길에 배가 고파서 내려서 뭐 좀 먹었다고 했다. 그러곤 남편에게 지금 몇 시쯤 되었냐고 물어보니 평소보다 1시간 30분 정도 더 흘러가 있었다.

씻고 누워서 처음으로 남편에게 회사 이야기를 꺼냈고 올 때 길을 잃은 얘기를 했다. 그날의 무서움은 평소처럼 혼자 참기에는 너무 버거웠고 남편에게 털어놓으며 남편 앞에서 처음으로 울었다.

남편은 그때 모든 걸 이해해주었다. 회사에서 저녁밥 먹고 간다며 먼저 먹으라고 했던 나는 남편이라도 밥을 빨리 먹이고, 저녁밥이라도 안 먹어야지 11시 안에 집에 도착할 수 있어 굶고 일하고 온 것이고, 오래 씻던 건 화장실에서 혼자 씻으며 울었던 것이고, 갑자기 쓰러지기도 해서 거울 등 뾰족한 걸 치운 것도 스트레스 때문이라는 것을 알았다. 남편은 그런 일들을 겪으며 고생하는 건 아니라며 출근하는 것을 반대하기 시작했다.

나는 쉬운 회사생활이 어디 있고, 어디나 이상한 사람은 하나씩 있기 마련이며, 다른 회사도 다르지 않다고 생각했다. 그렇게 그 다음 날에도 출근하고 일하고 무시당하고 야근했다.

"

쳇바퀴도 쉬어가면서 굴려야 하고, 잘못된 쳇바퀴를 굴리다간 발에 피가 나고 다리를 다친다는 것을 그때 알았어야 했다. 착각에 빠진 나는 다리가 부러지는지도 모른 채 쳇바퀴를 굴리고 또 굴렸다.

회사원의 깨달음

연차 주말 그런 건 나에게 의미가 없었다.

나는 이 회사에 일원이 아닌, 단순 기계 부품이었다.

그때 일이 많았고 회사에서 고민하다 내린 결론이 신혼여행에 노트북을 가지고 가서 일하는 것이었다. 신혼여행에서까지 일을 한 걸 생각하면 아직도 화가 난다.

결혼식이 끝나고 당일 신혼여행을 가는 일정이었고, 신혼여행지는 한국과 시차가 있었다. 신혼여행에서 해가 질 때 여유롭게 거리를 거닐며 저녁 먹을 곳을 찾고 관광하여야 할 저녁 6시는 한국에선 한창 업무를 해야 할 시간이었다. 나 때문에 우리 부부는 현지 시각 저녁 6시~8시에 호텔로 돌아와서 나는 일을 해야 했다. 외국은 저녁 9시면 대부분의 식당이 문을 닫아서 일을 마친 후 저녁 먹기가 어려웠고, 그렇게 신혼여행 저녁은 주먹밥이나 근처 편의점처럼 보이는 곳에서 빵을 사 먹었다.

내가 한 일을 최종 마무리하는 부장이 본인이 급하게 하기 싫어 신혼여행 기간이 끝나고 해도 괜찮은 일을 굳이 신혼여행 기간에 끝내라고 앞당겨 이런 상황이 연출된 것이다.

어떤 날은 부장이 확인할 수 있는 것인데도 찾을 수 없다며 신혼여행 중인 나에게 노트북으로 지금 당장 찾아보라고 메신저를 보내서 호텔로 급하게 돌아가고 있는데 '아 찾았네. 찾았어요.'라고 연락 받은 적도 있었다. 나는 이미 관광지에 다시 갈 수 없을 만큼 호텔로 돌아왔기 때문에 그날 하루도 역시 신혼여행을 제대로 보낼 수 없었다.

엉망이 되어버린 신혼여행을 마치고 금요일 저녁에 귀국해서 휴대폰을 켰더니 어김없이 부장은 메신저를 보내 두었다. '오늘 귀국하겠네요. 일요일 저녁에 일에 관해 전사에 공지하고 월요일까지 확인해서 보내줘요. 다시 한번 결혼 축하해요.' 읽는 순간 화가 치밀어 올랐다.

일요일 저녁에 공지하려면 사전에 데이터를 만들어야 하고, 그럼 주말에 일하라는 것이다. 신혼여행과 맞춰 쉬려고 사용한 월요일 연차는 파일 점검 및 전달하느라 써도 쓴 것이 아닌 연차이다. 그것도 본인 편하게 일하려고 이날을 정한 거고 본인을 위해 주말에 일을 시킨 것이다. 아주 당연하다. 미안하다는 말도 변명도 없다.

물론 내게 주어진 업무는 했지만, 나는 그때 알게 되었다. 아무리 노력해도 그들과 함께일 수 없다는 것을. 적어도 이 회사와 임직원은 책임감 있는 주인일 거라 생각하여 낯선 공간에 들어와 적응하고 최선을 다했지만, 난 그들에게 생명에 대한 가치가 전혀 없는 하나의 부품일 뿐이다. 쓰임에 따라 버리고 새로 사서 오는 그런 사람들인 것이다.

"

**나는 입사하여 소속감을 느끼며 열심히 일했지만,
그들에게는 연차나 주말에 일을 시켜도 군말 없이
일하는 쓰임에 따라 버릴 부품에 불과했다.**

회사원의 진단서

그것은 아무 상관도 필요도 없었다.

이런 회사 생활이 계속되면서 매일 아침 출근길은 어느새 망가져 있었다.

공황발작은 출근길이나 퇴근길에 한 번은 나타났으며, 이로 인해 출퇴근길에 숨이 막히는 느낌이 들어 아무 역이나 내려 의자가 있는 곳을 찾아 눕곤 했다. 심한 날이면 이러다 죽을 것 같다는 생각에 아무리 처방받은 약을 손을 벌벌 떨며 먹어도 상태가 심해져 울면서 쉬어지지 않는 숨을 쉬려고 노력하곤 했다.

잠들기 전에는 부장이 퇴근할 때 갑자기 준 업무 때문에, 남은 업무 때문에, 오늘 받았던 무시 때문에 잠을 이루지 못하고 수면제를 먹고 겨우 잠이 들면 아침에 남편에게 여러 얘기를 듣곤 했다.

자는 사이 남편이 내 머리를 뒤적뒤적하기에 물어보니 화장실에 나의 머리카락이 한 움큼 잘려있다거나, 무언가를 먹었다거나, 서랍장 속 모든 것을 다 꺼내놓는 등의 행동을 했다고 하는데 난 전혀 그런 기억이 없었다.

어떤 날에는 부장과 직접 풀기 위하여 대화도 시도해 보았지만, '본인은 지금이 좋다. 너만 힘드냐? 나도 힘들다. 나는 네가 회식에 안 나와서 널 포기했다.' 내가 '이때 이런 말씀 하셔서 차마 참석할 수 없었다. 그리고 업무나 저에 대해 비하한 건 기억 안 나시냐.'고 말하면 '널 비하한 건 그냥 장난인데' 최종 결론은 '이런 거 기억하고 너 진짜 대단하다. 무섭다. 넌 이기적이다.'라는 소리를 들었다.

이 회사로 이직하고 몇 달 후 부장의 괴롭힘이 시작되어, 그때부터 1년 가까이 다니던 정신의학과 담당 선생님은 점차 악화되는 나의 상태를 보며 퇴사를 권유하셨다. 처음으로 퇴사 권유를 하셔서 놀랐다.

"현재의 모든 상황은 너무 스트레스를 많이 받아서 그런 것이고, 죽을 만큼 힘들어서 몸이 신호를 보내는 것이다. 지금 너무 높은 양의 약을 먹고 있다. 수면제 때문에 잠은 들었지만, 스트레스로 인해 깊게 잠을 못 자는 렘수면 상태에서 스트레스 때문에 이상행동을 하는 것이다. 건강을 위해, 본인을 위해, 퇴사를 생각해 봤으면 좋겠다. 물론 각자 다 개인의 이유가 있어서 퇴사를 못 하는 건 알지만 이러다 큰일 날 것 같다. 진단서를 써줄 테니 제발 회사에 제출해서 잠시만이라도 쉬어라."라고 하시며 요청도 하지 않은 진단서를 작성해 주셨다.

　사실 그때는 내가 어느 날 갑자기 자살한다고 해도 전혀 이상하지 않았다. 온종일 생각할 수 있는 시간이 나면 자살을 떠올렸고 담당 의사 선생님이 이런 상태를 알고 상담을 많이 하고 약을 최대한 짧게 주셔서 지금 이렇게 글을 쓸 수 있게 된 거라 생각한다. 바쁘다며 약을 길게 달라고 했었는데, 그때 정말 나의 요청대로 약을 길게 주셨더라면 그 약을 한 번에 먹고 이미 죽었을 것이다.

　공황장애, 중증도 우울 에피소드, 불면증 등의 병명이 나의 진단서에 적혀 있고 통원 치료에도 불구하고 직장생활이 불가능하여 3개월 집중 치료가 필요하다는 전문의의 소견이 적혀 있었다. 사실 모두 맞는 말이다. 난 아프다. 그날 인정했다. 더는 견딜 수 없고 버틸 수 없다는 것을. 몸도 마음도 이미 정상이 아니라는 것을. 너무 힘들어 더 이상의 업무는 힘들다는 것을 모두 인정했다.

　다음 날 바로 부장에게 면담을 요청하였고, 진단서를 제출하며 지금의 증상을 이야기하며 현재 하던 일을 마무리하고 병가를 요청한다고 했다.

부장은 '지금 일도 많고 네가 쉬면 일이 너무 많다. 그 정도로 아프면 한 달 정도 집에서 재택근무를 하는 게 어떠냐. 그리고 다시 병가를 쓸지 얘기해 보자.'라는 반응을 보였다. 나는 재택근무조차 할 수 없는 상태였기에 병가를 2번이나 요청하였지만 모두 거절당했다. 재택근무 말고는 방법이 없다고 한다.

그렇다면 그동안 내가 본 지금까지 병가를 사용했던 사람들은 뭘까 하고 생각했다. 내가 빠지면 조직이 힘들어질 정도로 중요한 사람인가? 그런데 왜 중요한 사람을 업무 공유에서 빼고 앞에서 무시하는 건가? 의문에 의문이다.

결국 나는 집에서 일해야 했고, 일을 위해 사비로 복합기를 구매하였다. 차라리 회사는 출퇴근 시간이라도 있었지만, 재택근무는 출퇴근이 없어 계속해야 했다. 끝없는 요청과 지시가 내려왔다.

병원에 가서 지속적으로 상담을 받았고 주로 상담 내용은 '병가가 불가능하다. 더는 못 버티겠다. 죽고 싶다. 남겨질 가족들 때문에 고민했지만 이제 못하겠다.'였다. 그럼 담당 의사 선생님은 그에 맞는 진료를 해주고 어쩔 수 없이 약의 강도는 점점 높아졌다.

12월 31일 미리 휴가를 사용했다. 물론 부장은 그날도 일을 지시하였고 나는 여느 때처럼 일을 처리했다. 그리고 퇴근 시간쯤 메신저가 왔다. 저녁에 파일을 만들어 전 직원에게 공지하고, 답변을 1월 1일까지 받아 1월 2일에 부장 본인에게 달라는 것이다.

휴가 날 일을 시키는 것은 기본이고, 근무 시간 이후에도 일하고, 무엇보다 직원들에게 새해를 맞이하는 1월 1일 업무 처리를 해달라고 하라는 것이다.

부장에게 "예전에는 직원들에게 답변할 시간을 평일 5일 주고 요청했었는데 하루 주면서 그 하루를 1월 1일로 요청하는 것은 아닌 것 같다. 2일까지 답변을 받아 3일에 주겠다."라고 했더니 부장은 바로 알겠다고 했다. 본인도 힘든 걸 알지만 고생하는 동료들 생각을 한 번이라도 했으면 좋겠다.

그리고 1월 초에 부장에게 병가가 가능하다는 메일이 왔다. 하지만 약용량도 이미 너무 올린 상태였고 복귀하는 날도 얼마 남지 않았으니 예정대로 재택근무를 하다가 출근하겠다고 하였다.

부장에게 회사원 진단서는 그냥 종이이며, 회사원의 병은 그런 병이 있는지 처음 듣는 신기한 병명이다. 그 이상 그 이하도 아니다. 그렇게 신기해하고 그만이다.

회사원은 끝없이 움직여야 한다. 아무리 아파도 쉴 권리도 없으며 이 무리에서 내쫓김당하지 않으려면 제 발로 그만두거나 아니면 시키는 모든 걸 해내야 한다.

난 마음속으로 생각했다.

"

사실 회사는 무리지만 온통 가식일 뿐이야.

내 가족은 너희가 아니고 불쌍한 날 안아주려는 자연에 있어,

그 자연에서는

모든 것이 평등하고,

너희는 어느 생명이나 소중한 것을 알아야 하고,

생명이 생명을 몸으로도 말로도

서로를 죽이지 말아야 한다는 것을 너희가 빨리 알아야 할 텐데.

회사원의 전략

인사팀과의 면담, 인사팀의 조치

부장보다 직급은 낮지만, 부장에게 직장 내 괴롭힘 방지법을 활용하는 것이 가장 정당하고 정직한 대응이라는 생각에 하는 것 같아 이 전략을 선택했다.

이 전략을 토대로 증거를 모으며 부장의 사과를 받는 최종 목표를 달성해 나가기로 했다.

그가 직장에서의 지위를 이용하여, 업무상 적정 범위를 넘어 나에게 신체적·정신적 고통을 가하고 근무 환경을 악화시키는 행위가 명확하기에 직장 내 괴롭힘 신고를 마음 먹은 것이다.

지금까지 폭언, 이유 없는 해고 권유, 정당하지 못한 병가 거절, 이유 없는 이직 권유, 업무에 대한 무시 등 나와 부장이 면담한 것을 녹음한 파일과 나는 전혀 알 수 없었던 팀 회식 법인카드 사용내역, 회의 참석이나 회의 내용 공유를 여러 번 요청하였지만 해주지 않은 내용의 메일과 회의에서 나의 담당 업무 중요 변경 내용을 공유 받지 못해 계속 수정하고, 당연하게 수정하라 지시하는 부장의 메신저, 급기야 나중에는 나의 담당업무에서 나를 말없이 제외하고 전사 메일을 통해 통보한 메일, 사전에 파악하고 보고한 것에 대해 보고를 받은 적 없다며 엄청난 손실 및 업무실수로 몰아가고 금액에 대한 압박과 손실 처리 요구(이에 예전에 보고한 것들 다 보여주니 갑자기 중요한 사안은 아니라며 그냥 넘어감), 업무적으로 부장만 알고 있는 사항에 관해 물어봐도 단 한 번도 답을 받지 못한 메신저, 정신건강의학과에서 받은 진단서, 의사 소견서 등 제출할 만한 증거는 차고도 넘쳤다.

그런 일이 있고부터, 부장과 둘이 면담하면 항상 녹음했다. 메신저에 이상한 내용이나, 당시 회사 업무에서 해왔거나 지속적인 것들은 어떤 일이라도 해왔지만 사회적 통념을 벗어난 요청과 누가 봐도 불합리한 업무지시와 요구는 캡처하고 모아 왔다. 이렇게 수집된 녹음파일만 약 10개, 캡처본은 헤아릴 수도 없었다.

직장 갑질 119와 고용노동부에서 운영하는 직장 내 상담센터에 수시로 전화 상담하여 알아보는 등 처음부터 혼자 진행해 왔다.

아무 증거도 없이 신고하면 소용이 없고, CCTV 있는 곳에서 폭력을 당하거나, 욕을 먹는 동영상 혹은 그 자리에 있던 동료가 증언을 해준다면 100% 가능하지만, 이런 식으로 비겁하게 괴롭히면 증거가 없는 것보단 있는 게 좋다고 한다. 또한, 직장 내 괴롭힘 방지법의 예시가 나왔지만, 그것을 인정할 수 있는 정확한 기준이 없어 결과에 대해서는 아무도 예측할 수 없고 노동부에 신고해도 노동부는 회사에 직장 내 괴롭힘 조사를 요청할 뿐 결국 해당 회사에서 조사 판단하기 때문에 아직 해결해야 할 문제가 많다고 한다.

가장 먼저, 인사팀 부장에게 직장 내 괴롭힘 신고 메일을 보냈다. 지금까지 내용 중 심했던 내용과 증거들, 음성 파일까지 전송하였다. 인사팀 부장은 4일 뒤 면담을 잡았다. (직장 내 괴롭힘을 노동부에 신고하기 전 사내 담당 부서에 먼저 알리고 사내에서 처리한 후 그래도 변화가 없거나 악화되면 그때 노동부에 신고하면 된다고 한다)

난 인사팀에 신고한 메일, 면담 잡은 것까지 캡처해서 보관하였다. 회사에서 신고자가 회사에 요청한 적이 없다거나 정당하게 사내에 요청한 것이 아닌 단순 상담 요청을 한 것이라고 주장할 가능성이 있으므로 메일까지 철저하게 캡처하였다.

처음부터 끝까지 나의 이야기를 들은 인사부장은 우선 나는 자존감이 떨어져 있는 상태인 것 같으니, 속상할 가족들 생각한다면 자존감을 높이라고 하였다. 그리고 해고 권유와 이직 권유는 긍정적인 의미로 부장이 말했을 수도 있고 그건 듣는 사람에 따라 긍정부정이 달라질 수 있는 주관적이라 직장 내 괴롭힘이 아니며 회의 배제는 좀 더 알아봐야겠다고 했다.

또한, 부당한 것에 대해서는 "제가 잘못한 것도 없는데 왜요?" 하고 단호하게 이야기하라고 했다. 재택근무 관련해서는 재택근무 하라고 했어도 못한다고 확실하게 말하고 병가를 써야 했다며 확실하게 말하지 못한 너의 문제도 있다고 한다.

내가 확실하게 표현해도 막무가내로 거절하는 부장에게 나는 더 이상 얼마나 더 어필해야 하는지, 어디까지 언성을 높이며 말을 해야 했는지, 퇴사 당할 것을 각오하고 말해야 했는지,

궁금했다. 나는 매 순간 정확하게 부장에게 의견을 전달하고 말했기에 인사팀 부장에게 "아주 확실하게 말했습니다."라고 대답했다.

가장 큰 문제는 연봉 평가 부분에서 부장까지 포함한 팀 내 상대 평가이고 정해진 팀 인상률은 너무 낮았으며 내가 한 일에 대한 평가를 부장이 하므로 사적 감정이 들어가거나 이런 식으로 계속 인정받지 못하게 될까 봐 걱정이라고 말했다.

인사팀 부장은 나에게 "왜 잘 보이려 해. 널 싫어하는 사람한테. 우리 연봉은 안 줄어. 여기서 뭐 진급을 할 거야 뭘 할 거야. 우리 연봉 안 줄이니깐 무서워하지 말고 잘 보이려고 하지 마. 그리고 일단 아프니깐 내일부터 바로 병가 써. 일단 한 달 쓰고 그때 다시 이야기 하자."라고 말했다.

연봉 책정은 공정하게 이루어져야 하는건데 지금 날 싫어해서 공정하지 못할까 봐 걱정이라니까 연봉은 안 줄어든다고 무서워하지 말고 잘 보이지 말고 이미 일 잘해도 인정해줄 일은 없을 것 같다는 답변을 받았다.

그럼 야근하고 지난 1년 일한 것들은 무엇이며 여기서 진급이나 발전을 기대한 게 잘못이었던 건가 라는 생각을 했다. 그리고 그 이후의 일이지만 인사팀 부장의 말처럼 실제로 나의 연봉은 동결되었고, 대부분의 직원은 연봉이 상승했다.

정말 회의 배제를 조사하기는 할 건지 물어보고 싶은 건 많았지만, 더 이상 일을 크게 만들고 싶지 않다는 눈치를 받아 이대로 면담은 끝났으며, 인사팀 부장의 "내일부터 병가 써"라는 이 한마디로 절대 불가하다고 하던 병가를 부장은 갑자기 허락해 주었고 그다음 날부터 한 달의 유급병가를 받게 되었다.

<blockquote>
"

이미 안개 속에 발을 들여
이제 그 안으로 들어가는 방법뿐이다.
무섭다고 여기에 멈춰 있으면 인간들은 회사라는 마을을
소란스럽게 하는 회사원을 잡으러 다닐 것이다.
난 그냥 안개 속에서 하나 있는 무기이자 방어막인
정직한 전략으로 잡으러 오는 인간들을 무시한 채 담담하게
나의 길을 걸어 나갈 뿐이다.
</blockquote>

환영 받지 못하는 회사원

돌아가지 말았어야 했다.

부장은 회사원이 안 나오길 기도한 사람처럼, 나에게 출근한다는 연락을 받은 후 나를 나가도록 하려는 듯 누구도 해낼 수 없는 잡일을 준비해 뒀다.

병가를 마치고 오자마자 차량 1대를 꽉 채울 분량의 서류를 혼자 정리하라고 하면서 정리, 순서, 서류 여부, 포스트잇 각 맞춰서 부착하고 번호 적고, 회사 용품으로 뚫을 수 없는 정리 파일까지 준비하여 파일에 맞게 구멍을 뚫으라고 하였다. 더 큰 문제는 저 차 1대 분량 외에 차 3대 분량의 서류가 더 남아있고 3주 이내에 기본 하던 일도 하고 저것도 다 정리하라는 지시를 받았다.

총 4대의 차량에 들어갈 양의 서류 정리 잡일과 기본업무와 새로 추가된 업무를 하면서 3주 이내에 정리하라고 하였다. 입사 때부터 팀 모두가 같이하자고 했던 잡일인데 갑자기 혼자 하라고 해서 일단 양과 시간 때문에 같이하는 건 어떠냐. 같이 하기로 했던 일을 왜 혼자 하느냐고 너무 많다고 했더니 부장은 "왜 같이해야 하죠? 비효율적이게. 혼자 하세요. 빠르게 하면 될 텐데. 나랑 팀원은 검사할게요."라고 말했다. 갑자기 직장 내 괴롭힘 신고 후 (회사에서는 정식으로 조사도 시작하지 않았다) 더 미움만 받게 되었다는 생각이 들었다.

그래도 해보자는 마음으로 일단 차 한 대 분량을 집에까지 가지고 와서 퇴근 후 잠도 4시간, 5시간 자며 일해도 서류는 줄어들 기색도 없고 너무 힘들었다. (나중에 이 잡일을 할 아르바이트생을 뽑고, 부장 팀원 아르바이트생이 오랜 기간 그 일에 매달렸다고 한다)

마치 내가 아파서 병가를 쓴 게 아니라 놀고 와서 분하다는 듯 이제는 인사조차 받아주지 않았다. 안부를 물어보는 일은 하늘이 두 쪽이 나도 없었다.

그리고 복귀해서 2주간 일 하는데 부장은 내가 잘못한 거 없나 그것만 찾고, 말꼬리 잡고, 계속 회의나 담당 업무에서 제외시키는 등 나의 업무는 이런 식으로만 흘러갔다.

부당한 잡일 지시와 무리한 요구, 애초에 이유 없는 병가 반려,

가해자와 끝없이 마주치고 부장의 괴롭힘이 계속되어 이런 식으로 회사에 다닐 수는 없어, 2차 직장 내 괴롭힘 신고하였다. (혹시 몰라 잡일에 대한 사진을 찍어 두었고, 2차 직장 내 괴롭힘 신고는 인사팀에 보냈고, 인사팀에 보낸 직장 내 괴롭힘 신고 메일도 캡처해서 보관했다. 간혹 회사에서는 정식으로 신고받은 적 없다고 하는 경우도 있다고 한다)

인사팀에서는 2차 신고를 받고 나에게 우리 팀 최상위 관리자와의 면담을 해결책으로 제시했다. 이에 난 최상위 관리자와 면담을 하게 되었다.

우리 팀 최상위 관리자는 "회사생활이 다 그런 거 아니냐며 나 때는~이랬다. 그냥 조금만 더 참고 함께 일하자. 좋게 넘어가자."라고 말했다. 난 오자마자 신고 여부를 알고 있는 부장과 함께 있는 것이 껄끄럽다고 하며 앞으로 날 평가하는 건 계속 가해자인 부장 아니냐고 물어보니 "맞다. 하지만 내가 2차로 확인할 것이다."라며 의미 없는 대답을 해주셨다. 그리고 마지막으로 "이 건은 직장 내 괴롭힘이 아닌 걸로 보고하겠다. 좋게 넘어가자. 몸이 안 좋은 건 무급 병가를 사용해라."는 말로 면담은 끝났다.

더는 정신적으로 버틸 수 없고 당장 죽고 싶은 마음에 병가를 쓰기로 하고 유급이든 무급이든 상관없이 팀 최상위 관리자의 말대로 병가를 쓴다고 했지만 나에게 인사팀 부장은 팀 최상위 관리자와 면담을 해결책으로 주었던 것과 달리 '왜 직장 내 괴롭힘을 그 사람(우리 팀 최상위 관리자)이 정하냐. 그리고 출근한 지 얼마나 지났다고 또 아프다고 그러냐. 그런 식으로 부장과 같이 있는 것도 힘들어하고 정신적으로 못 견디면서 네가 노동부는 왔다 갔다 할 수 있겠느냐. 그냥 그럼 하라는 무급 병가나 써라.` 하고 통화가 끝났다.

내가 가해자인 부장과 함께하는 것을 정신적으로 힘들어하고 있다는 걸 회사와 인사팀 부장은 알고 있었지만, 그걸 버티지 못하는 나는 노동부에도 가지 못할 만큼 의지박약한 직원이라며 회사에 귀찮은 일을 만드는 문제아로 취급했다.

직장 내 괴롭힘으로 신고하면 신고자를 가해 당사자와 분리하거나, 마주치지 않도록 하는 것이 기본이지만 회사는 함께 두었고, 곧 다가올 연봉협상에도 가해자를 나의 평가자로 여전히 남겨 두었다.

코로나로 인해 일자리 구하기가 힘들어 '버텨야 하나?' 하고 고민이 많았지만 계속 함께 있으면 상황이 더욱 악화되고 회사의 대충 넘어가자는 식의 태도와 내가 인사팀에 말한 것을 알고 있는 부장의 증오는 너무 힘들어 버티지 않기로 했다. 이러다 정말 내가 미쳐 버릴 수도 있다고 생각했다.

(각 회사의 취업규칙에 신설된 지 1년이 지났지만, 직장 내 괴롭힘 신고를 하고 그 결과가 나오기 전 신고자에 대한 각 회사의 취업규칙에 있는 보호 방법을 확인하시고 저처럼 험한 꼴 당하시는 분이 없길 바란다. 물론, 우리 회사 취업규칙엔 신고가 들어오는 즉시 신고자와 신고자가 지목한 가해자의 분리를 원칙으로 한다고 나와 있었지만…)

회사에서는 정식 조사나 해결 방안이 없는 것을 확인하고, 결국 이 모든 것을 노동부에 신고하기로 마음먹었다.

"
살아남으려 하는 사람에게 그런 모진 말들을 하는 것일까?
이 말도 물어볼 사람이 없다는 것이 억울했다.

혼자만의 싸움을 시작하다.

참다가 결국 직장 내 괴롭힘으로 신고를 했다.

내 옆엔 아무도 없어, 이제 나 역시 어느 누구에게도 다가가지 않아. 나 혼자 싸우고 견뎌야 해.

병가를 사용하고 고용노동부에 신고했다가, 취하하길 반복했다. 코로나로 인해 일자리 구하기 힘든 이때 회사를 상대로 직장 내 괴롭힘 신고를 하는 것이 맞을까? 그럼 퇴사한다는 얘기나 다름없는데? 정말 약한 내 마음이 문제인 것이 아닐까? 지금까지 버틴 것처럼 버텨내면 되지 않을까? 이런 고민으로 2번이나 민원 접수를 했다 취하하길 반복했다.

처음엔, 정말 인사부장의 말처럼 내 약한 정신과 마음이 문제인가 고쳐야 하나 하는 마음에 다니던 병원보다 규모가 큰 정신건강의학과를 예약하고 방문하였다. 진단서, 현재 다니는 병원의 진료 기록, 먹는 약들을 챙겨 들고 갔다. 현재의 나에 대해 면담 후 의사 선생님은 "현재 복용 중인 약의 용량도 너무 높고, 짧은 면담 시간으로 치료하기엔 상황이 안 좋은 것 같다. 이 정도로 힘들다면 폐쇄 병동에 입원하여 최소 한 달간 치료를 받는 것을 권한다. 가족의 동의와 본인의 입원 의사가 있어야 가능하므로 신중하게 생각해서 결정하셨으면 좋겠다."라고 말하였다.

　처음에는 입원하고 다시 회사에 나가려 했다. 막상 입원을 결심하고 휴대폰, 연필도 없는 곳에서 지낼 수 있을까 하는 걱정과 씻거나 약 먹을 때 내 옆을 지키는 보호사분들이 계시는 곳에서 버틸 수 있을까 싶었다.

　그다음 고민은 거기에서 호전된다고 하더라도 퇴원하면 평화는 깨지고 생각만 해도 무서운 회사로 돌아가야 하는데 과연 견딜 수 있을지였다. 다시 회사에 갈 수 있을까를 고민하는 순간순간이 숨막히고 힘들어서 다니던 정신건강의학과 의사 선생님께 상담을 받고 약을 처방받아 왔다. 병원에 다녀올 때 가방 안에 전화가 있어 전화가 왔는지 모르고 집에 돌아온 나를 보자 신랑은 펑펑 울었다. 내가 고민하다 말없이 폐쇄병동에 입원한 것은 아닌지, 나쁜 생각을 요즘 들어 자주 했는데 정말 실행한 것은 아닌지 걱정했다며 돌아온 나를 보자마자 안고 울었다.

　그 순간 결혼하고 반년도 지나지 않은 이때, 병원에 입원하는 것은 나의 가족들에게 고통을 주는 것은 아닐까, 치료 후 회사로 다시 돌아가서 울면서 버티는 것이 내 가족들에게는 더 큰 고통이 아닐까 싶었다.

결국, 이날 드디어 난 노동부에 신고했다. 이후 노동부에 나의 직장 내 괴롭힘 사건 담당자가 배정되어 회사로 연락이 갔고, 노동부 출석 요구가 있었다.

노동부 담당자는 "현재 우리가 해 줄 수 있는 건 정식으로 회사가 조사하라고 하는 것과 회사에서 한 조사를 토대로 처리하는 것밖에 없다"고 하였다. 난 이 이야기를 듣고 "정식으로 조사가 이루어지는 것만으로도 만족한다."라고 말했다.

재직 중인 동료들에게 도움을 구하였다가 피해를 줄 수도 있는 부분이라 나 혼자 가시를 세워 버려야 하는, 회사와 나 혼자의 싸움이었다. 전담 법적 대리인과 함께하는 회사와 나 홀로 싸우는 것은 너무 힘들었다.

병원에 입원하고 치료받고 나면 회사에 다닐 수 있을까? 그러면서까지 다녀야 하는 회사인가? 병원에서 치료받으면 난 다시 예전처럼 밝아질 수 있을까? 부장의 무시를 넘길 수 있을까? 이게 행복인가? 그럴 바엔 혼자 싸워보고 내 자존감을 조금이라도 지키는 게 낫지 않을까? 조금이라도 남아있는 나를 지키는 게 답 아닐까? 행복을 찾기 위해 새로운 도전을 하는 게 방법 아닐까?

"

나의 삶을 위해.

드디어 노동부에 가다.

난 참는 게 최선

공황장애 증상이 나타나거나 공황발작이 올 수 있다는 두려움
과 사람에 대한 무서움으로 혼자 노동부에 갈 수 없어서 남편이 연
차까지 사용하며 노동부 출석에 함께 갔다. 회사 관할 노동부이기
때문에 2시간 정도 대중교통으로 이동했다.

노동부에 도착하여 감독관이 가장 먼저 해준 말은 "우리는 회사
에 조사만 요청할 수 있고, 회사에서 조사하고 결과를 낼 것이다.
조사 안 하면 조사를 하라고 할 수 있는 권한만 있다. 회사가 낸 결
과에 대해 우리가 뭐라고 할 수는 없다"라는 말이었다.

그래도 괜찮았다. 나의 증거가 정식으로 노동부에서 회사로 전달
되어 조사가 이루어지는 것만으로도 개선될 수 있을 것 같았다. 가
해자와 분리만 해준다면 어떻게든 버티고 다닐 수 있을 것 같았다.

감독관에게 내가 당했던 괴롭힘을 날짜별로 정리하고 증명할 증
거를 수집한 것을 제출하였다. 감독관은 해당 자료를 참고하겠다며
우선 본인 자리 위에 올려 두고 진술하라고 했다. 난 진술을 하였

고 이제는 부장이 한 말이나 메신저를 토씨 하나 안 틀리고 말할 정도였다. 진술하고 있는 나에게 감독관은 "회사가 제대로 된 조사를 안 했으니 회사가 가해자를 불러 조사를 할 것이고 지금은 보고할 보고서용으로 작성할 몇 가지만 말하면 된다."라고 하며 다음 약속이 있어서 올라가 봐야 한다고 빨리 말해 달라고 하였다.

그래서 대략 보고 올릴 것만 진술하였고 빠르게 끝났다. 모았던 가해자와의 대화 녹음본은 USB에 담아 왔는데 제출하고 가면 되느냐고 물어보았더니 감독관은 "판사가 녹음본 듣는 줄 아느냐? 그것처럼 우리도 녹음본 안 듣는다. 필요 없다. 그거 들을 시간이 어디 있느냐."라고 하더라.

그래서 "속기사 사무소에 최대한 빨리 요청하여 보내겠다. 결정적인 증거다. 회사에는 이미 보냈는데 들은 것인지도 모르겠다." 했지만, 필요 없다고 다음 업무 때문에 가봐야 하니 돌아가라고 했다. 그때 공황장애 증상이 나타나 숨이 막혀 물을 찾아 겨우 약을 먹었다. 병원 진단서와 사무실 사람들이 증언해준 거라도 봐달라고 사정하여 내밀고 숨이 막히고 어지러워 더 이상 버티기 힘들어 남편에게 마무리를 부탁한 후 노동부 사무실에서 나와 화장실에 들어가서 터져 나오는 울음을 겨우 진정한 후 나왔다.

이것이 내가 기대했던 방법이라는 사실이 허무했다. 그리고 내가 할 수 있는 처음이자 마지막 일이라는 게 너무 슬펐다. 내가 지금까지 준비하고 모아둔 것이 무엇인지 허탈했다. 직장 내 괴롭힘 증거들이 있지만 쓸 수가 없었다.

이게 언론과 고용노동부에서 그토록 홍보하던 직장 내 괴롭힘 금지법인 것인가? 라고 좌절했다.

그날 펑펑 울고 다음 날 당장에라도 죽어버릴 것 같아서 병원에 가서 죽어버리고 싶다며 상담하고 약을 받았다. 이후 나는 한 달 정도 회사의 조사를 기다려야 했다.

"

**혹시 나와 같은 상황이나 같은 고통에 있는 사람이 있다면
나와 같이 버티길, 우리 함께 버티길
이 또한 지나갈 테니.**

회사원의 결과

신고 결과가 나왔다.

불면증으로 잠이 오지 않을 때마다 쓴 글이지만, 심적으로 괜찮아질 때마다 쓰다 보니 싸웠던 회사에 대한 투쟁의 결과를 오늘에서야 적어보려 한다.

회사에서 3주간 조사 및 회의를 통해 직장 내 괴롭힘 3개의 조건 중 2개는 괴롭힘에 해당하며 1개는 애매한 부분이 있어 직장 내 괴롭힘을 일부 인정한다는 결과가 나왔다는 노동부의 연락을 받았다. 노동부에서는 이를 바탕으로 최종 보고서를 보내주겠다고 하였고 난 최종 보고서를 기다렸다.

최종 보고서를 확인하고 어떤 부분이 애매하다고 판단된 것인지, 노동부의 판단은 어떤지 확인하고 다음 절차를 진행할 수 있었기 때문이었다.

처음 노동부의 연락을 기다리고, 출석하고, 회사의 조사 기간, 결과 보고, 노동부의 보고서 작성 기간까지 진행하니 무급 병가 3개월이 끝나가고 어느새 출근해야 하는 날이 다가오고 있었다.

회사에서는 무기한 무급 병가를 줄 테니 정신질환이 괜찮아지면 같은 부서, 같은 자리, 같은 부장 아래로 복귀할 수 있도록 내 자리를 비워두는 방안을 제시하였다. 이미 회사에 신고했다는 이유로 더한 괴롭힘을 경험하였고 노동부에 신고한 뒤에는 더 할 것이 뻔했다. 그리고 출근할 자신이 없었다. 출근해야 한다는 생각만으로 당장 죽고 싶다는 생각만 들었다. 이 방안은 '너의 정신적 문제이며, 너만 치료하면 아무 문제 없어. 그러니 그 자리 그대로 비워둘 테니 그 자리로 돌아와. 회사는 기다려주겠다'라는 의미로 다가왔다.

　　출근해야 하는 날은 어김없이 찾아왔고, 난 정신적으로 도저히 출근할 수 없는 상태였다. 그러나 정신적으로 힘들다고 출근을 안 하면 무단결근으로 퇴사 당할 수 있었다. 무급휴가 3개월이 끝날 때까지 노동부 최종보고서가 도착하지 않아 내가 선택할 수 있는 건 출근해서 직장 내 괴롭힘을 계속 당하거나 자진 퇴사 둘 중 하나였다. (직장 내 괴롭힘은 직장에 다니는 사람 중 괴롭힘에 시달려 고통받는 직장인들을 위한 것으로 퇴사 후 진행하기 힘들며, 퇴사한 후 진행하고 인정받아 실업급여를 받을 수 있지만 그만큼 인정받기가 어렵다고 한다)

코로나가 터진 상황이라 정말 많은 고민을 했다. 입원하고 치료 후 다시 회사에 간다면 견딜 수 있을까? 일 년 반을 버틴 것처럼 버티면 되는 거 아닐까? 정말 울면서 견딜 수 있을 거라며 최면을 걸고 출근을 하려 했지만 이미 나의 몸은 말하고 있었다. 너무 힘들고 더 이상 버틸 수 없다고, 스스로가 회사에 돌아갈 수 없다는 걸 제일 잘 알고 있다고, 이제는 좀 숨을 쉬고 싶었다.

또한, 회사의 제안을 받아들이면 지금까지 내가 당한 직장 내 괴롭힘에 대한 가해자와의 분리나 사과 등 아무것도 받을 수 없었다.

물론 자진 퇴사해도 못 받겠지만, 나의 남은 정신이라도 조금이라도 온전하게 지키고 싶었다.

결국, 나는 회사에 사직의 뜻을 알렸고 자진 퇴사로 실업급여도 받지 못했으며, 회사는 사직서도 우편으로 보내주기를 원했고 짐도 우편으로 보내줄 테니 아예 나오지 말라고 하는 등 끝까지 한치의 예의도 없었다. 동료들과 마지막 인사도 못 했다. (사직 후 많은 시간이 지나도 최종보고서가 오지 않아 노동부 담당 감독관에게 연락하였고 정신적으로 힘들어 퇴사하였다고 하였다. 이후 최종 보고서를 여러 번 요청하였지만, 매번 이번 주까지 보내준다고 하던 답당 감독관은 직장 내 괴롭힘 신고한 지 4개월이 지나고, 퇴사한 지 2개월이 지난 지금까지 최종 보고서를 보내주지 않고 있다)

약 2년을 근무한 회사에서 퇴사하며 인사도 못 한 채 나오게 되었고 일 년 반을 괴롭힘당하며 버티고 자살까지 생각했던 회사를 그만두는 게 이 정도로 쉬운 건지 약간은 허무하기도 했다.

이 글을 쓴 이유는 직장 내 괴롭힘 신고에 대한 팁, 진행 상황 등을 알려주고 싶어서도 아니고 회사를 같이 욕해달라는 것도 아니다.

"

얘기를 들어보면 주변에 직장 내 괴롭힘을 당하고 있는
직장인들이 너무 많은데 참고 있는 경우가 있다.
이런 직장인들에게 혼자가 아니라고 위로해 주고 싶어서,
너무 힘들 때는 본인을 최우선으로 생각하기를,
힘들면 누군가에게는 말하기를,
나의 경험을 보고 조금이라도 용기를 내기를,
직장 내 괴롭힘이 없어지는 사회를 함께 만들기 위해서이다.

사건 처리 결과서

사건 처리결과

계속된 요청에도 받을 수 없었던 직장 내 괴롭힘 결과에 대한 처리 결과서가 드디어 오늘 아침 등기로 도착하였다.

벌써 신고한 지 약 5개월이 지난 직장 내 괴롭힘에 대한 결과서가 오지 않아 2주 전에도, 또 지난주에도 담당자에게 연락했다. 담당자는 얼마 전에 보냈는데 안 갔냐며 다시 보낸다고 하였지만 전혀 도착한 게 없어 언제 보내셨냐. 전혀 도착한 게 없다고 확인 요청하였으나 '오늘 저녁에 보내면 내일쯤 도착할 듯해요'라는 답변만 받았고 경비실이나 기타 장소 확인을 위해 언제쯤 보내셨는지와 등기번호 등 물어봤지만 대답을 받을 수 없었다.

기다리던 등기가 일주일을 지나 오늘 드디어 도착했다. 떨리는 마음으로 봉투를 열었다. 결과서에는 아래와 같이 적혀 있었다.

위 사건 조사 결과, 사업장의 조사, 판단, 조치사항에 명백히 불합리한 사정이 있다고 보이지 않아 행정 종결하였음을 알려드리며 다만, 향후 직장 내 괴롭힘과 관련한 갈등이 발생하지 않고 상호 존중하는 문화가 안착될 수 있도록 사업장에 행정 지도하였음을 알려드립니다.

의 내용이 있었다.

　직장 내 괴롭힘을 인정받기 위해 3개 영역에 모두 해당돼야 하는데 3개 중 회사에서는 2개 영역에 대해 인정, 1개 영역에 대해서는 일부분만 인정한다는 결과를 내놨다. 사내 취업규칙에도 나와 있었지만 가해자와 분리가 기본적임에도 불구하고 회사에서 제안한 판단과 조치사항은 무제한 무급휴직을 부여해주는 대신 이전과 똑같이 가해자인 상사의 아래로 복귀하는 것이었다. 나에겐 어떠한 선택권도 없었다.

　증거는 회사 메신저와 메일에서 따돌림받은 것들, 같은 사무실에서 일하던 모든 동료의 증언이 있었으며 바쁘다는 조사관을 붙잡고 출력한 증거를 겨우 제출할 수 있었고 담당 조사관 만나기 일주일 전 요약한 내용 중 몇 가지에 관한 이야기를 겨우 할 수 있었으며, 제일 중요한 증거라고 생각했던 녹음파일은 필요 없다고 하며 속기사에게 받아와 제출하겠다고 했지만 받아온 것도 필요 없다는 대답을 받았었다.

감독관과 노동부는 도대체 어떤 기준으로 이런 결과를 낸 것 일까? 왜 불합리한 사항이 없다고 판단한 것일까? 행정지도는 실제로 이루어졌을까? 노동부에서 피해자인 나에게 진심이었던 순간이 있었을까? 회사에서는 노동부의 행정 지도를 통하여 변화된 부분이 있긴 할까? 폭언이 녹음된 파일 등의 증거는 왜 필요 없을까?

5개월 동안 미쳐가며 지금까지 내가 버티고 있어도 이런 결과를 받았을 것이며, 이유 없이 퇴사 권유를 당해도, 회의에서 나만 배제를 당해도, 담당업무에서 제외당해도, 팀에서 제외당해도, 잡일을 받았어도, 정신질환을 유발할 만큼 일 년 동안 지속적이라도, 같은 사무실을 사용한 사람들에게 보일 정도로 직장 내 괴롭힘을 당해도, 폭언을 당했어도 회사에 2번이나 신고하였지만 전혀 개선이 없었고 더욱 미움만 받는 상황에서 신고하여도 결국 회사에서 조사와 이해할 수 없는 이상한 내용의 결론이라도 결론만 있다면 노동부와 감독관의 결론 하에 나는 가해자 아래에서 나의 성과, 연봉을 평가받으며 계속 일했어야 한다는 것이다.

내가 이러한 결과지도 받기 전에 나의 민원은 당사자인 나도 모르게 2020년 7월 중 이미 종결되어 있었다. 회사에서 많은 폭언들과 괴롭힘으로 인해 사람이 무서워졌고 병원에서 상담받는 중에도 의사 선생님의 눈을 보지 못하고 말한다. 이번 결과를 받고 더욱 사람과 세상이 무서워졌다. 더욱 움츠러들고 다시 세상으로 나갈 자신이 없다.

66

**형식적인 모습에 기대는 없었지만,
내 인생은 이제 사람에 대한 실망만 남았다.**

권고사직 당한 전 회사 동료에게

괜찮아요. 당신이 이 회사에서 일하기엔 능력이 너무 좋으니 퇴사 후 마음을 다잡고 있던 나에게, 퇴사한 회사에서 친하게 지내던 동료에게 전화가 왔다.

전화한 동료는 경력도 화려했으며, 업무능력 또한 뛰어나 누구에게나 인정받고 각 팀에서 탐내는 인재로, 대표님이 특히 인정하고 나도 그에게서 배울 것이 많아 존경하던 동료 중 하나였다. 직급도 높은 그는 내가 힘든 일이 있을 때도, 직장 내 괴롭힘으로 회사와 싸우고 있을 때도 중간중간 연락을 먼저 해주고 힘을 주었다.

그런 그에게서 연락이 온건 내가 퇴사한 지 한 달 뒤였다.

한창 업무로 바쁠 월요일 근무 시간에 연락이 와서 이상하게 생각하며 전화를 받았다. 그가 들려준 이야기는 의외의 이야기였다.

그는 지난주 목요일에 권고사직을 통보받았고 당일까지 서명하길 요청 받았다고 하였다. 열심히 일하고 있던 그에게 갑자기 약 2시간 정도의 생각할 시간이 주어진 상태였고 사직서를 내밀며 이번 달 월급은 나가고, 만약 거절한다면 회사에서는 다른 방법을 사용해야 한다며 압박을 주었다고 한다. 말이 안내지 협박이란 단어가 맞는 말이다. 또한 회사 입장에서 전혀 미안하지 않다는 말에 그는 바로 사직서에 사인하였다고 한다. 더 이상 이 회사에서 필요 없는 존재임을 그 말에서 느껴버린 것이다.

그는 권고사직 당일은 짐 정리를 하고, 금요일은 믿기지 않아 이게 진짜인가 확인하고 또 확인했다고 한다. 주말에는 가족들에게 말을 했고 월요일에 나에게 전화를 한 것이다.

전화를 하며 자신이 쓸모없는 사람이고 부족한 사람이라고 그는 말했다. 항상 태연하고 큰일에도 참고 무던하게 넘기던 그가 무너졌다. 회사에 그런 식으로 권고사직 당한 직원이 많다고 한다.

코로나로 인해 경제가 어려운 시기에 인원 감축은 충분히 이해한다. 하지만 그에게 단 2시간이 아닌 3일이라도 시간을 주었다면 그가 이 정도로 무너지는 일은 없을 것이다. 혹은 '그동안 고생했다'라는 말 한마디라도 있었다면 그의 자존감은 조금이라도 남아있었을 것이다.

코로나로 인한 현실 때문에 많은 기업이 경제적 문제에 허덕이고, 해고라는 해결책을 사용해야 하는 고용주의 마음도 이해한다. 하지만 최소한의 해고 절차를 지켜주거나, 지금까지 함께한 부품이 아닌 인간에 대한 예의를 지켜주면 그가 다시 일어날 힘이 조금이라도 남게되지 않았을까 생각한다.

나에게 전화한 그는 무너진 자존감과 어떤 말로도 돌이킬 수 없는 상처를 받아 일어날 힘이 없었다. 내가 알던 능력 있던 그는 당당하던 그는 없었다.

그에게 말해주고 싶다.

> "
> **당신은 충분히 능력 있는 사람이고 어쩔 수 없는 상황으로 지금 이런 순간이 온 것뿐입니다. 당신을 탓하지 마세요. 당신의 과거도 후회하지 말고 현재도 괴로워하지 말고 잠시 쉬어간다고 생각하셨으면 좋겠습니다. 좋은 시국에 다시 좋은 동료로 만나요.**

직장이 인생 전부는 아니다.

직장생활보다는 자기 자신

—— ✖–◇–✖ ——

  예전의 나는 직장생활이 내 인생의 전부였다. 전에 일하던 대기업에서 일주일 중 6일을 직장에 나가도 그게 당연하다고 생각했다. 돈 벌어서 학자금 상환과 돈 모으기에 바빴고, 일할 수 있어 다행이라고 생각했다.

  예전 직장은 주 6일 토요일 출근까지 있는 회사로 오전 8시 20분까지 출근해서 저녁 7시에 퇴근하였다. 회사까지 거리가 있어서 5시에 일어나 버스를 타고 출근해야 했다.

  5시에 일어나려면 저녁 11시까지는 잠자리에 들어야 했다. 이 때문에 입사 초반 1년 동안은 친구들을 못 만났다. 버스는 20분 간격으로 시간을 잘 맞춰 타야 했으며, 좌석이라도 없으면 출퇴근 시간이 늦어져 더욱 힘들었다.

  보수적인 회사라 상사 명령에 복종하는 것이 당연했으며, 욕설이나 성희롱은 기본적으로 자행되었다. 점심시간에 외부 업체 손님이 와서 술을 마시라고 하면 상사가 마시라고 하였고 이 때문에 술을 마시고 근무해야 했으며, 회식도 당연히 무조건 참석해야 했다.

간혹 회사 행사라도 있는 날에는 다들 회사 유니폼을 입고 전 직원이 열 맞춰 더운 곳에 1~2시간을 서 있어야 했다. 전날 업무가 많아 야근을 하고 4시간 자고 출근하여 그 더운 곳에서 유니폼을 껴입고 있으면 머리가 어질했고, 휘청휘청 쓰러지려고 하자 그마저도 회장, 사장님이 계셔 뒤에서 잡아주고 서 있어야 했다. 회장, 사장님이 나간 후에야 그나마 잡고 있던 정신을 잃고 쓰러져 병원에 가서 수액을 맞고 검사를 받을 수 있었다. 3년 동안 쓰러졌지만 매번 참석해야 했고 매번 쓰러졌다.

이 외에도 위에서 결재가 안 내려온 것에 대해 화가 난 것을 분풀이하기 위해 계열사의 높은 상사들이 만만한 나에게 전화해서 대뜸 욕설을 퍼붓기도 하였다.

이때도 난 취업이 힘든 시기에 일하고 있다는 것을 위안 삼으며 버텼다. 버티는 과정에서 사회에서는 독하게 버텨야 한다는 것을 알았고 버티자는 마음으로 싸우고, 견뎠다. 나중에 오래 다닌 직원들 사이에서 '저 일하는 애 중에 안 우는 애는 처음 본다.', '애가 눈부터 독한 게 보인다.'라는 이야기도 들었다.

물론 힘들 때 다른 층 화장실에서 울기도 했으며, 독하다고 했던 직원에게는 마지막 인사할 때 '저 독해 보인다고 하셨다면서요. 아직도 독해 보이냐'며 장난식으로 말하기도 하였다.

학자금 대출도 상환하고, 비록 집에 돈을 챙겨주느라 별로 모으지는 못했지만 조금이라도 보탬이 될 수 있는 것이 행복했다. 바로 더좋은 조건으로 이직한다는 것에 안심했고 예전 직장에 일을 배울 수 있음에 고마웠다. 그렇게 나의 모든 것은 회사, 이직, 직장생활에 맞춰있었다.

이직하고도 회사에 맞춰가고 회사가 나의 중심인 건 여전했다. 잘지내다 6개월 정도 지난 후부터 나를 따돌리는 부장에게 잘 보이려고도 했고, 어떤 무리한 업무라도 해내서 회사에 필요한 존재로 보이고 싶었다. 또한, 부장에게 잘 보이기 위해 야근 또 야근, 신혼여행 가서도 일하고 앞에 글들처럼 무시를 받아도 그저 버텼다.

결혼까지 한 나는 더더욱 직장이 나의 삶에 중요하다고 생각했으며 공황장애와 우울증, 불면증이 와도 버티고 또 버텨냈다.

하지만 결과적으로 난 아무것도 할 수 없게 되었고 그렇게 되고 나서야 나 자신이 제일 중요하다는 걸 알았다. '버티고 견딜 수 있겠지, 회사가 내 인생에서 중요하고 전부니까'라는 생각 때문에 난 그렇게 망가져 갔다.

퇴사할 때는 친구들과 통화도 할 수 없을 정도로 극도의 불안감을 보였다. 너무 불안이 심해서 부모님의 전화도 받을 수 없었다. 집에서 갑자기 공황발작이 와서 약을 먹고 울면서 누워있는 경우도 많았다.

이후로도 상담 치료와 약물 치료를 병행하였는데 한번 다친 마음은 쉽게 돌아오지 않고 아직도 공황장애와 불면증에 시달리고 있으며, 자살까지 생각하던 우울증만 무기력한 우울증으로 조금 괜찮아졌을 뿐이다.

그래도 지금은 많이 괜찮아져서 겨우 통화를 할 수 있고 부모님 정도는 만날 수 있게 되었다. 밖에 나갈 일이 있다면 여전히 남편이 함께 나가주고 약을 먹으면 10분 거리 정도는 걸을 수 있게 되었다.

직장 때문에 건강과 마음을 다친다면 돌아오지 못하거나 치료하는데 많은 시간과 고통이 따른다. 아직도 무능한 나를 보면 그때의 나를 후회한다. '조금 아팠을 때 나를 위해 쉬어 갈걸' 하고. 그러면 지금쯤 나의 지나온 시간은 더 행복했을 듯하다.

"

직장이 본인의 중심이 아니길,
건강에 이상이 있다면 주저 말고 잠시 쉬길 바랍니다.

지금 힘든 그대에게

우리 힘내요.

2주에 한 번씩 방문하는 정신과에 진료를 위해 방문하였다. 요즘 들어 점차 사람들이 많아지고 있다. 그만큼 힘든 사람들이 늘어나고 있는 듯하다. 정신과에 방문하면서 지금까지 돌이켜 생각해보면 진료를 위해 기다리는 환자가 점점 늘어나고 있다. 요즘은 병원에 가면 1시간은 기본으로 기다리고 2시간도 당연하게 생각하고 가야 한다.

환자는 다양하다. 내 또래부터 더 어린아이, 혹은 전화 통화를 통해 알 수 있는 아이를 부탁하고 온 엄마, 중년 노년의 남성 여성까지 각각 어떤 사연이 있는지 모르겠지만 예약이 꽉 찰 정도로 환자들이 가득하다.

과거에는 정신과에 가면 취업에 문제가 있고, 정신과라는 것이 사회생활에 문제가 될까 싶어 멀리 한 상태라서 방문자가 적었다면 지금은 힘들면 가서 상담받고 치료받는 것이 이상한 게 아니라 그런 것도 있을 것이다. 하지만 단 몇 달 만에 환자가 이 정도로 늘어난 것은 우리의 현재 사회 변화로 힘든 사람이 많이 늘어난 거라는 생각이 들었다.

병원에 사람들이 많아질수록 힘들어진 사람이 많아 한 편으로는 슬프기도 하지만, 한편으로는 자신의 슬픔을 잘 해결하는 사람이 있어 다행이라고 생각한다.

회사에서 많이 힘들 때 나도 처음에는 그게 공황장애 증상인지도 몰랐고, 일반병원에 가서 숨쉬기가 어렵다며 진료란 진료는 다 받았다. 또한 우울한 나를 보며 남들도 다 버티는 걸 버티지 못하는 인생 실패자라고 생각한 적도 있었고 자신의 감정도 컨트롤 못하는 한심한 인간이라고 생각하기도 했다. 그럴수록 점점 나의 자존감은 낮아지고 나는 나에게 쓸모없는 인간, 죽는 게 더 맞는 사람이 되었다.

자려고 눈을 감으면 오늘의 내가 들었던 무시들로 인해 눈물이 흘러 쉽게 잠들지 못했고 내일에 대한 걱정으로 거의 잘 수 없었다. 그럴수록 점차 건강은 나빠지고 나는 더욱 살아가는 의미도 잃어갔다. 우울증과 불면증이 최악의 상태였지만 난 몰랐다.

회사에 갈 때면 이대로 사고가 나서 죽었으면 좋겠다, 높은 곳에서 밖을 바라보고 있으면 이대로 뛰어내리면 괜찮을 것 같다. 씻다가도 샤워기에 목을 매달고 죽고 싶다 등 나쁜 생각을 많이 했다. 친한 사람에게 사소한 고민을 말하면 조금 풀리긴 했으나 그 사람도 지쳐가고, 지친 그 사람을 보면 민폐인 것 같아 더욱 쓸모없는 사람이 된 것 같았다.

물론, 아직도 더 큰 병원으로 옮겨 치료받고 있지만 이전의 나처럼 혼자 힘들어하거나, 어떠한 이유로라도 자신이 쓸모없고 자신을 포기하고 싶어 하는 사람들에게 말하고 싶다. 어떠한 이유라도 자신의 탓이 아니다. 사업에 실패했어도, 회사에서 인정을 못 받아도 기타 등등 어떠한 이유라도 자신의 탓이 아니다. 살기 위해 노력했을 뿐 자신을 포기하지 말고 살아갔으면 좋겠다. 나처럼 병원에 다니는 방법도 하나의 방법이고, 1393에 전화해서 자신의 속마음을 말하는 것만으로도 괜찮아질 것이다. 지금 가장 힘든 이 순간만 넘어가서 함께 살아갔으면 좋겠다. '정신병원에 와야 할 사람은 안 오고 상처받은 사람만 온다.'는 인터넷의 글처럼 자신을 탓하지 말았으면 좋겠다. 그리고 남은 가족이 견뎌야 할 아픔도 생각하며 견뎌냈으면 좋겠다.

"

슬퍼해 줄 사람이 없다고 생각해도

당신은 이 세상에 필요한 존재이기 때문에 존재한다는 것을

잊지 말았으면 좋겠다.

안부는 잘 전해 들었습니다.

이직하는 회사에서는 더 나은 상사가 되길

부장님, 퇴사 준비는 잘하고 계신가요? 더 좋은 조건의 회사로 가는 당신은 지금 행복한가요?

처음 퇴사하고 나를 괴롭히던 부장의 얘기는 종종 전해 들었다. 전 직장 동료들은 안부 전화와 함께 부장의 근황을 들려주곤 했다. 내가 없어지니 싱글벙글 웃으며 간식을 어마어마하게 잘 먹고 행복하게 지낸다는 얘기였다.

부장이 아무 생각 없이 툭 던진 말과 행동에 상처받고 무너져버린 나는 아무것도 못 하고 집에만 있는데, 부장은 사과 한마디 없이 나에 대한 단 한 번의 언급도 없이 잘 지낸다고 한다. 그래서 더 이상 나를 괴롭히던 부장의 이야기는 듣고 싶지 않았다.

난 아직도 사람을 만나는 것에 대해 불안감을 느끼며, 약의 부작용으로 인해 단어가 생각이 나지 않아 대화가 어려울 때도 있다. 또한, 본인 휴대폰 번호처럼 기초적인 것도 기억이 나지 않을 때가 있어 일단은 다른 곳에 취업하기 위해 당장 이력서를 넣기보다는 전처럼 밖에 혼자 돌아다닐 수 있고, 웃으며 면접 볼 수 있는 상태까지

만들기 위해 병원도 더 열심히 다니고 있다. 현재 상태에서 그의 안부를 들으면 난 여기서 주저앉아서 일어날 수가 없을 것 같았다. 날 내보내고 행복한 그 때문에 화가 나고 억울함이 치솟아 치료가 더 늦어지는 것 같았다.

전 회사 동료에게서 어제 전화가 왔다. 그가 전화로 한 말은 날 괴롭히던 부장이 이번 달까지만 근무하고 더 좋은 조건의 회사로 이직한다는 소식이었다. 과거 그가 나에게 잡일을 시키며 '이번 일을 완벽하게 해낸다면 자신의 커리어에 아주 좋은 기회'라고 말한 게 떠올랐다. 그 잡일은 내가 병가 쓰는 그 당일까지 야근을 하면서 했고, 본인이 더 노력하여 그 결과가 좋았던 모양이다.

이직하는 부장의 자리에 대신할 사람을 안 뽑는다고 한다. 외주업체에 부장의 업무를 넘긴다고 한다. 전화를 끊은 후 부장의 근황을 무시하고 흘려버리려고 했지만 전화를 받고 여러 가지 생각이 교차했다.

속이 시원한 것도, 화가 나는 것도, 미운 것도 아닌 그냥 찜찜한 느낌이 들었다. 퇴사하면 바로 외주업체에 업무가 넘어가는 그런 사라질 자리에 있던 부장이라는 사람에게 왜 그리 당했는지 비참하고 허무하기도 했다.

　그는 왜 그리 자신보다 약한 사람에게 더 악랄하게 굴었는지, 약한 사람을 누르고 강한 사람에게 잘 보여 높은 연봉을 받고 좋은 조건의 이직 자리를 얻을 수 있는 건지, 그게 그의 삶의 방식인지, 하필 그 약한 사람이 왜 나여야 했는지 궁금하기도 했다.

　이런 생각을 하다 보니 내가 그곳에 다니면서 그에게 배운 거라곤 하나도 없었다. 여러 업무를 잘하고 싶어 내 일을 다 끝내고 관련 업무를 배우고 싶다고 해도 그는 반대했다. 알려주지도 기회도 주지 않았다. 나 혼자 인터넷 강의로 공부하고 어필해봤지만 그는 나를 더 자랄 수 없게 하고 나의 업무 파일이나 업무능력만 가지고 갔다. 이런 경력을 가지고 있고 코로나로 일자리는 더욱 없으며, 나에 대한 자존감도 없는 내가 그처럼 다른 회사에 갈 수 있을까 걱정되기도 하였다.

이런 생각을 하니 나는 지금 직장 내 괴롭힘으로 행복함이 없는 삶을 살아가고 있다는 생각이 들었다. 돈을 벌어야 하지만 이런 상태로 다시 시작할 수 있을까? 내가 다시 사회로 나갈 수 있을까? 무서울 뿐이다.

"

당신은 지금 행복한가요?
난 당신이 행복한지 궁금합니다.
당신은 타인의 행복을 궁금해 본 적 있나요?

감정일기

예전으로 돌아가기 위한 노력

"현재 상태로 집 밖에 나가는 것은 어려우니, 우선 집에서 집중할 수 있는 무언가를 찾아 실천해봐요."라는 의사 선생님의 처방을 받았다.

걱정으로 하루하루를 보내며 무기력한 내게, 계속 집중할 수 있는 무언가를 찾기란 쉬운 일이 아니었다.

처음에 시도한 것은 뜨개질이다. 목도리까지 짤 수 있고 집중은 잘 되었지만 먼지가 너무 날려 아무리 청소기를 돌린다고 해도 실에서 나온 먼지가 남아 있어 비염이 있는 남편에게는 무척이나 힘든 일이라 포기했다.

두 번째로 찾은 것은 유화 그리기였다. 유화 그리기 세트를 사서 2주 정도 낮에 집중하여 작품 완성을 눈앞에 두고 있었다. 이걸 취미로 해야겠다. 했지만 불면증으로 걱정과 우울한 생각으로 가득한 밤에 나도 기억은 안 나지만 완성에 다가온 그림을 찢어버렸다. 그다음 날 아침 난 내가 했다는 것을 믿을 수 없었고, 공들였던 작품

이 너덜너덜해진 것을 보고 더 이상 유화를 그릴 수 없었다.

　마지막으로 내가 평소에 좋아하던 책 읽기를 취미로 해야겠다 싶었다. 예전에 아무 생각도 하기 싫은 날은 하루 온종일 책을 읽으며 현실에서 도피한 적도 있었다. 그래서 책을 좋아하고, 좋아하는 작가의 책을 수집하며 읽게 되었다.

　하지만 날 괴롭히던 부장이 사내 정치에서 자신의 편을 안 들었다는 이유로 하나하나 꼬투리 잡으며 단골 멘트로 "저는 순남씨가 왜 그러는지 모르겠다. 나한테 말해봐라. 왜 말을 못 하냐. 역시 넌 본인 생각도 정리 못하는 사람이니 책 좀 읽어라. 책 좀 읽고 본인 생각 정리하고 말하는 법을 좀 공부해라.'" 라고 무시했다. 그 뒤부터 책을 읽으면 저 멘트가 계속 떠올랐다. 그때는 상사이기에 저런 말에 하나하나 말대답도 할 수 없었고 회사에서 잘 지내보려고 죄송하다는 말만 반복했던 나에게 그는 저 멘트를 자주 했다. 책을 읽으면 저 멘트가 생각나서 오히려 화가 날 때가 많았다. 그래서 책도 읽을 수 없었다.

단지 회사 부하라는 이유로 같은 사람이지만 이유 없이 미움 받고 무시 당했던 기억을 잊기 위해 난 무엇을 해야 할까? 당장 잊을 수도 없고 떠오르는 그 생각들을 지우기 위해선 뭘 해야 할까 고민했다. 그러다 문득 그냥 이 생각들을 직접 마주하고 글로 적은 후 나의 감정들을 솔직하게 들여다보면 어떨까 라는 생각을 했다. 악몽처럼 문득 떠오르는 직장생활에서의 부당한 경험과 그때의 나의 마음, 현재의 심정을 적으면 그 기억을 이겨낼 수 있지 않을까 하고 생각했다.

그날 난 다이어리를 구매했다. 그리고 거기에 감정 일기라고 앞에 적은 후 생각나는 일들과 나의 감정을 적기 시작했다. 당일 처음 적은 것은 '책 좀 읽고 생각 좀 하고 말하는 법 배워라.'라는 부장의 고정 멘트에 대해 적었다. 또한, 이에 대한 나의 감정을 아래와 같이 적었다.

"

부장님, 너도 책 좀 읽어라.
진정한 리더, 리더십이 뭔지 책 좀 읽고 공부해라.

예전으로 돌아갈 수 있을까?

내가 다시 돌아갈 수 있을까?

직장 내 괴롭힘으로 퇴사를 해도 어느 정도 시간을 가지면 곧 난 괜찮아지고 다른 직장에서 다시 일할 수 있을 거라 생각했다. 하지만 사람이 누군가에게 투명 인간 취급을 받는다면 회복이 힘들다는 걸 이제 알았다.

꽤 오랜 시간 동안 그때의 악몽 같은 기억을 지우기 위해 무던히도 노력하고 다시 새로운 직장에 가려고 시도했지만 이미 전 직장 상사에게 괴롭힘을 지속적으로 받아왔기에 새로운 사람을 만나 팀을 함께 이끌어 간다는 것부터 두렵게 느껴질 뿐 아니라, 막말도 끝없이 듣다 보니 나에 대한 자존감이 사라졌다. 뭐든 노력하면 성공하고, 인정받으며 나의 열정을 보여줄 수 있겠지 하고 생각했지만 그들에게는 그 모습조차 안 좋게 보인다는 것을 알아버렸다.

아직도 나에게 밖에 나가는 건 무척이나 힘든 일이다. 나가서 새로운 사람을 마주치면 또 오해가 생기면 어쩌지라는 생각과 새로운 사람을 만날 때도 날 대충 보고 판단하고 무시하거나 막말을 할까 봐 아직도 집 밖에 나가지 못하고 있다.

일이라면 똑 부러지게 처리하고 열심히 한 것에 대한 보상은 없었고 보상도 필요 없으니, 앞에 있는 날 아는 척해줬으면 좋겠다는 생각뿐이다. 투명 인간 취급하며 무시하는 것이 가장 힘들었다. 또한, 잡일도 업무 중 하나이지만 같이 하기로 했던 잡일을 나에게 짧은 시간 내에 혼자 처리하라고 하거나, 내가 수행하는 업무를 무시하거나 그 일로 계속 먹고살 수 있냐는 등의 발언은 아직도 날 주저앉게 만든다.

누군가는 '조금 더 참지 그랬어.', '회사가 다 그런 곳이지 편하게 다니는 사람이 어디 있냐.'라고 말한다. 하지만 본인이 정작 조직 내 괴롭힘의 대상이 된다면 자신이 크게 착각했다는 것을 알게 될 것이다.

물론 갈등이란 일방적으로만 일어나는 게 아닌 양쪽에서 잘못했기에 일어난 거지만 지위를 이용해 팀원들에게서 고립시킨 후 자행된 폭언, 차별, 무시는 사람을 견딜 수 없게 한다. 부디 직장 내 괴롭힘을 당하는 주변 사람이 있거나 그 고통을 견디지 못하고 고인이 되신 분들에게 무례한 말이나 댓글 작성은 하지 않았으면 좋겠다. 간혹 직장 내 괴롭힘으로 힘들어하는 사람에게 의지가 부족해서다, 일을 못 했나 보다는 말을 듣는 누군가를 보면 마음이 아플 때가 있다. 하지만 정말 그 상황에 함께 있었던 것이 아니라면 그 사람이 얼마나 힘들어했고 아파했는지 모를 것이다. 그냥 진심을 다해 들어 주는 것만으로도 그 사람에게 그 가족에게 큰 힘 될지도 모른다.

또한, 왜 계속 참느냐는 사람들에게는 이 말을 해주고 싶다. 아직 변해야 한다는 인식은 있지만 실제로 참지 않고 회사에 증거를 제출하고 면담을 진행해도 가해자와의 분리 조치나 진정한 직장 내 괴롭힘 조사는 없으며, 상사를 신고하거나 인사팀에 면담했다는 사실만으로 더 큰 괴로움이 기다리고 있다.

그리고 여기저기 문의해보고 신고를 해봐도 바뀌는 게 없이 피해자인 나만 이상한 사람으로 몰리고, 회사에서는 미운털이 박혀 상황을 악화시킨다. 그리고 결국 가해자가 회사에서 처벌받는 일은 드물며 내부 고발자가 되어버린 피해자 본인만 문제아로 찍힐 뿐이다.

직장 내 괴롭힘으로 힘들어하는 사람은 많지만 여전히 회사는 일을 주지 않거나, 폭언이나 무시로 은근히 퇴사를 강요한다. 이건 내가 겪은 일이기도 하고 내 동료가 겪을 수도 있는 일이며, 당신에게도 일어날 수 있는 일이다.

조금 더 심각성을 느꼈으면 좋겠다. 의지가 약해서, 세상살이 다 그런 거라 해도 최소한 회사 부품이기 이전에 사람대접이란 걸 기대해본다.

전 아직 과거에서 벗어날 수 없어요.
사람대접을 받지 못해서.

" 다시 사람으로 다시 돌아가서 집 밖에 나가보고 싶어요.

직장 내 괴롭힘 방지법은 왜 있는가?

의미 없는 직장 내 괴롭힘 방지법

———— ✕◇✕ ————

직장 내 괴롭힘을 회사에 신고하고, 노동부에 신고하여도 해 봤지만, 나에겐 아무 변화가 없었다. 대체 직장 내 괴롭힘 방지법은 왜 있는가? 내가 뭘 기대한 건가? 지금은 좀 달라졌나?

이 글을 쓰고 있는 지금을 기준으로 나는 약 3년 전 직장 내 괴롭힘을 당한 사실을 회사 인사팀에 명백한 증거와 함께 두 번이나(실질적으로 인사팀 및 전무 개별 면담까지 하면 수없이) 신고를 하였고, 그런데도 회사에서는 아무런 대처가 없어 직접 노동부에 신고하였다. 노동부 신고 후, 회사는 무급으로 쉬면서 공황장애와 우울증이 괜찮아지면 복귀하라는 방안을 주었다. 대신 복귀해서 아무 일 없었다는 듯 가해자와 함께 일하라는 게 회사 측 입장이다. 그리고 그 가해자가 나의 연봉 책정하는 상사라는 것도 변함없었다.

그 방안이 최대로 회사에서 줄 수 있는 것이다. (나의 글에 괴롭힘의 시작되었던 순간부터, 신고의 전 과정과 그 결과까지 자세하게 기재하였다. 필요한 사람에게 도움이 됐으면 좋겠다.)

노동부에 신고하고 출석하기까지 한 달이 넘게 걸렸다. 그동안 가해자와 함께 있다는 건 상상 이상으로 불편하였다. 가해자는 내가 회사에 말한 것을 알고 있었으며, 노동부에서 회사로 연락한 후 회사에서 나의 신고 사실을 알게 될 상사인 그와 아무 일 없듯 일하는 것은 나를 정신적으로 힘들게 만들었다.

노동부 출석 전 그동안 괴롭힘당한 내역을 날짜별로 기록한 정리본, 메신저, 대화 녹음본, 진단서 등을 준비하여 가지고 갔지만 정작 담당자는 증거를 보거나 듣는 것은 전혀 없었고 어떤 것 때문에 괴롭힘이 시작됐는지, 간략하게 괴롭힘 받은 것 몇 가지만 듣고 형식적으로 보고서를 올렸다. 노동부 담당자는 필요 없다고 하였지만 증거가 확실했기에 겨우 정리한 정리분과 메신저만이라도 받아달라고 하고 제출하였다.

그 후 노동부에서 해당 내용을 회사에 전달하여 회사에서 조사하게 했다. 회사에서 자체적으로 조사하였고 무급으로 쉬면서 공황장애, 우울증이 괜찮아지면 복귀하라는 답변받았다.

당시 상사가 주도한 따돌림으로 너무 괴로웠고 마음의 병까지 생겨 자살까지도 생각했다. 하지만 괴롭힘 방지법이 운용되고 있으니 그것이 답이라 생각했다. 정신적으로 많은 괴로움을 당하였고 그에 대한 증거는 확실하고 아주 많았다. 같은 사무실 사람들의 증언도 있었다. 그러나 그 많은 증거들은 아무런 쓸모가 없었고 대화 녹음본 또한 제출할 곳도, 기회도 없었다. 노동부에서는 증거를 제출할 필요도 없다고 하였다.

노동부는 회사에서 조사 후 처리하라는 입장이고, 이미 증거와 내용을 수도 없이 들은 회사는 노동부에 제출하기 위해 그제야 자체 조사를 시작하였다.

이미 회사에 여러 번 신고하였지만, 조용하게 넘어가려 한 회사가 노동부에 신고까지 한 직원을 좋게 봐주겠는가? 회사는 그냥 아무 일 없었다는 듯 넘기고 싶을 뿐이다.

나는 회사에 그저 귀찮은 일만 만든 것이다. 직장 내 괴롭힘 방지법 법안에 있는 적절한 조치는 회사 내규에 따라서였다.

직장 내 괴롭힘 방지법은 왜 존재하는가? 증거는 왜 모아 온 건가?라는 생각이 들었고 최종 결론이 날 평가할 상사는 가해자인 건 변함없고 또한, 가해자와 변함없이 가까이에서 일해야 한다는 게 나를 힘들게 했다. 그래서 난 결국 퇴사를 선택하였다.

직장 내 괴롭힘 방지법은 확실한 신체적 폭행에서만 효력이 있었고, 정신적 고통에는 진단서 등을 제출해도 전혀 효력이 없었다. 이 증거들로 괴롭힘을 인정받고 법안에 있는 조치를 받기 위해서는 개인이 소송을 진행하여야 했다.

직장 내 괴롭힘 신고는 변하였는가? 누굴 위한 것인가? 개인 고소만이 답인가? 아직도 이러한 의문에 대한 정확한 답을 모르겠다.

나처럼 일해야 하지만 밖으로 나서지 못하는 회사원들을 위해서 직장 내 괴롭힘 방지법이 좀 더 구체적이고 노동부의 철저한 조사가 필요하다고 생각한다.

"
가해자와의 분리만이라도 나서서 꼭 해주길 바란다.

쉽게 말하지 말아 주세요.

쉽게 말할 수 없는, 상상도 할 수 없는 고통입니다.

얼마 전 '지속적으로 불평등한 업무를 받아왔으며 그 이후로도 인신공격을 당해왔다. 그 괴롭힘을 견디다 못해.'라는 직장 내 괴롭힘으로 인해 또 한 명의 생명이 떠나간 뉴스를 보았다.

모든 사람들의 회사 생활이 힘들 것이다. 나도 회사 다닐 때마다 힘든 구석이 하나씩은 있었다. 하지만 직장 내 괴롭힘에 대해 쉽게 말하는 사람들에게는 한마디 하고 싶다.

모두 똑같이 힘든 것은 맞지만 상사의 괴롭힘은 피할 수 없는 것이며 점점 숨통을 조여 오는 거라고.

이 회사를 그만두면 된다고들 생각하지만 처음에는 직장 상사와 잘 풀어 보기 위해 노력도 해보고, 잘 보이기 위해. 자존심을 굽히기도 해 보지만 그 사람 하나가 날 인간으로 싫어하는 것에는 장사가 없을 따름이다.

그럼 인간적으로 나에 대해 생각해 보고 자존감 낮아지며, 한 상사 때문에 적응해온 회사를 퇴사하는 것은 고민이 깊어져만 간다.

물론 생명이 더 소중한 것은 사실이다.

단지 생명의 소중함을 누구보다 잘 알고 있을 괴롭힘을 당하고 있는 사람에게 직장 내 괴롭힘을 쉽게 언급하지 말고 그 사람의 회사 환경에 대해 집중해 주었으면 좋겠다.

결코 간단한 문제가 아니다.

"

우리 사회 모두가 관심을 가져야 하는 문제입니다.

서른의 백수로 산다는 건

공황장애와 우울증, 그리고 집에만 있는 나

나의 서른은 1년째 백수로 살며 맞이하게 되었다.

직장 내 괴롭힘과 과도한 업무를 참고 또 참다 터져버려 공황장애와 극심한 우울증 그리고 강박장애를 가지게 되었다. 가족들과 친구들, 전 회사 동료들도 퇴사 후 마음을 비우고 푹 쉬라고 하였다. 나도 퇴직금으로 몇 개월이라도 쉬고 싶었다. 드디어 바라던 바를 이룬 것이다.

직장생활 5년 차에 처음으로 가져보는 길고 긴 휴식이었다. 처음에는 믿을 수 없었다. 부유하지 않은 집이였기에 내가 일을 쉬어본 적이 없어 휴식이 어색했다. '내가 지금 이 시간에 집에 있는 거라고?' 여러 번 나 자신이 가끔 놀랐다.

퇴사 후 그럼 행복했냐고 물어본다면 난 단호하게 아니라고 할 것이다. 이미 다친 마음과 우울한 정신으로 많은 생각들이 계속 나를 괴롭혔다. 새로운 회사에서 내가 잘할 수 있을지, 나의 문제점은 무엇인지, 다시 돌아가야 하는 치열한 취준생 생활, 모아둔 돈도 없는 내가 퇴직금은 써도 괜찮은가 등의 많은 생각들이 들었다. 마음을 비우고, 복잡한 생각들을 지우기 위해 퇴사 초반에는 짧게 짧게 바다도 보고 오고, 그동안 볼 수 없었던 친구들도 만나 억울함을 말하기도 하고, 정신없이 집안일을 하기도 했다.

병원도 다니고 심리치료도 받으며 3개월이나 길어도 6개월이면 완치하여 새로운 직장에 나갈 것이고, 푹 쉬자는 것을 목표로 한 나의 백수 생활이 시작되었다.

음. 백수 생활 시작점에서 깨달은 게 있다면 회사생활이 너무 버거워서 죽고 싶으면 바로 그만둬야 한다는 것이다. 참다가 터지는 순간이 올 것이다. 그때의 상처는 너무 길고 지치게 만든다. 당신이 먼저 조금이라도 행복하게, 아니 행복까지는 아니더라도 죽고 싶지는 않도록만 버텨야 한다. 나도 내가 독한 줄 알았고 모두 나에게 독하다고 할 정도로 일을 하였다. 참고 또 참았다. 그런데 나에게도 한계점이라는 것이 있었다. 누구에게나 한계점은 있다.

"

죽고 싶다는 생각이 들면 바로 퇴사하자.

난 무얼 해야 하나? 난 무얼 좋아하지?

나는 나에 대해 제일 모르고 있었다.

쉬는 것도 해봤어야 알지, 뭘 해야 하지?

내가 뭘 좋아해 봤어야지 알지, 뭘 좋아하지?

내가 직장 내 따돌림으로 퇴사를 하고, 그 이후 회사에서 기존 사람 중 정말 기술이 있는 기술직 사람을 제외한 사람들을 일부 정리 해고시켰다고 한다. 나와 그들은 갑작스러운 퇴사에 뭘 해야 할까 싶었다.

정리 해고된 사람들에게 생각 할 시간이라도 있었으면 좋았겠지만 갑자기 당일 불러서 당월 월급과 실업급여를 탈 수 있게 해줄 테니 오늘까지만 근무하라고 했다고 한다. 서명을 못 한다는 사람들에게는 회사도 그럼 다른 방안을 생각하겠다며 협박 아닌 협박을 했고, 그 마저도 월급을 못 받을까 봐 나온 사람들이 대부분이었다. 당장 나가던 기본 지출들, 가족의 생계를 책임지던 사람들 열심히 일하던 청년들이 모두 한순간에 백수가 된 것이다.

나는 직장 상사 외 다른 사람들이랑은 별일 없이 지냈기 때문에

서로의 안부를 물었다. 서로 무엇을 할 것이냐 물어봤다. 나는 건강을 위해 퇴직금으로 조금이나마 쉬려고 했고, 어떤 직원은 실업급여를 타면서 새 직장을 구하기도, 어떤 직원은 갑작스러워서 뭘 해야 할지 모르겠다는 사람도 있었다.

나는 정신적 건강을 위해 무엇을 하여야 하나 싶었다. 휴가로 정해진 계획대로 놀러 다니거나, 그냥 푹 쉰 적은 있어도 나를 위해 기약 없이 쉰다는 건 어색하고 막막했다. 일단 정신적으로 힘들기 때문에 항상 떠오르는 부장의 말들과 안 좋은 기억들을 생각나지 않도록 밑그림에 물감으로 색칠하는 집중 취미를 만들었다.

그렇게 그냥 병원을 다니며 일주일간 색만 칠하고 있었다.

어느 순간 내가 아무런 준비도 없이 이대로 있어도 괜찮은가, 그림도 그냥 억지로 안 좋은 기억을 지워버리기 위해 그리는 것 같았고 내가 왜 기억을 지우기 위해 노력해야 하는지 억울하기도, 그러다 보면 이게 뭐 하는 건가 싶어 싫어졌다.

취미는 뭘 해야 하지, 이 시간에는 뭘 해야 하지, 이러고 있는 내

가 한심하기도, 싫어지기도, 뭐가 무섭다고 정신과에 다니면서 집에
서 숨어있는 건지 고민이 너무 많았다.

　　노예 생활이 익숙해서 하고 싶은 것, 잘하는 것 본인을 제일 모
르는 바보
　　자신을 제일 모르는

"
본인

난 어쩔 수 없는 노예인가 봐.

쉬는 게 불편해.

마음 편하게 나를 위해 쉰다는 건 아직은 나에게 벅찬 일이다. 회사 다닐 때는 진짜 회사만 때려치우면 여기 가야지, 이거 해야지, 아 내가 지금 회사에만 없으면 이거 당장 하는 건데 하던 것들이 하나도 생각나지 않는다. 힘든 걸 티 내지 않는 내가 힘들어한 걸 본 가족들은 어느 누구도 나에게 뭐라고 한 것도 아니고 오히려 푹 쉬라며 다독여 주었다. 그래도 눈치가 보이고 불편했다. 가족들이 출근하고 나가면 늦게 일어난 나의 생활이 시작된다.

그냥 아무것도 하는 것 없이 배달시켜 먹고 책을 사보고 다른 취미를 찾기 위해 이것저것 해보며 노력도 해보고 상담 치료도 받아왔다. 이제 나의 퇴직금도 어느덧 끝이 보이기 시작했다. 어딜 가려면 돈이 든다. 무엇을 하려면 돈이 든다. 다 돈이 든다. 하다못해 상담치료도 1년 이상 받아야 하는데 한 번 받는 비용이 5만 원 이상이라 더 이상 받을 수 없어 그만두고 병원에서 상담 겸 약만 타야했다.

이 와중에도 누구의 잘못이 아닌데 가족들의 눈치가 보인다. 어디라도 가족 행사에는 피하고 싶었다. 누가 아직 그 회사 다니냐고 물어볼까 봐, 혹은 무슨 일 하냐고 물어볼까 봐, 정말 좀 쉬고 있다고 말해봤지만 그 뒤 그래 좀 쉴 수 있는 거지라는 대답과 함께 오는 급 어색함…… 정말 싫었다.

　이때는 책으로 마음을 집중시키고 있었는데 웃긴 건 마음의 안정, 심리 관련 책도 사면서 반대쪽 내 손에는 이직 잘하는 법, 직무기술서 작성법 등의 책을 들고 있었다. 노예였던 나와 아픈 내가 동시에 존재하는 것 같았다. 하지만 노예는 시간이 갈수록 부담감이 더해갔고 이력서와 자기소개서를 수정하고 직무기술서를 다시 수정하였다. 결국 취업 준비를 하고 있었다. 아직 몸은 일할 수 없음을 알고 있으면서도 노예는 노예인가 보다.

　이때 나의 다이어리에는 '이대로 아무것도 못 하는 바보로 남을까 봐 무섭다. 하지만 다시 일한다면 상태가 심각해질까 무섭다.'라고 적혀있다. 일을 해야 한다는 나와 일을 할 수 없다는 나의 몸부림이 상충하다가 결국 속이 안 좋기 시작하더니 어느 날은 일어나다가 쓰러지기도 했다.

이대로 계속 놀 수 없어,

"
아니야, 지금은 일 못하는 상태야.

서른이 뭐, 쉬는 게 뭐,
하고 싶은걸 하는데 왜.

왜!!! 뭐!!!

———————— ✕ ◇ ✕ ————————

　누군가에게 툭 하고 던진 말이 그 사람에겐 평생 가슴에 박힌 못
이 될 수 있다.

　부장이 생각 없이 던졌던 말들은 나에게 큰 상처를 주었다. 새로
운 사람을 만날 때면 저 사람도 이유 없이 날 싫어할 수 있어. 그런
데 그 정도가 부장처럼 날 너무 싫어하면 어쩌지? 라는 걱정이 앞섰
다. 그래서 새로운 사람을 만나거나 만날 자리가 있다면 숨이 막혀
오기 시작했다. 어느 사람들은 그러면 뭐 어때, 왜 그런 걱정을 해?
남이 널 싫어하면 어때서? 라고 말할 것이다. 물론 나도 모두가 날
좋아할 수 없다는 걸 알고 있었다.

　그래도 노력하면 어느 정도 존중이라는 건 받을 수 있다고 생각
했다. 하지만 정도가 넘은 것을 당하면 정말 자살하고 싶을 만큼 힘
들다. 나는 최선을 다해 인간다움만 요구했지만 철저하게 무시당하
고 자살하고 싶을 그 상황이 다시 올까 봐 무섭다. 그런 상황이 없
을 경우가 많을 것이다. 그런데 난 또 생각한다. 부장이 나에게 그
럴 것이라고 처음부터 나는 알았는가? 사람들 속은 모른다. 이런
불안증이 가득했다. 그리고 회사에서 발생한 일이고 회사에 도움

을 요청했지만 철저히 무시되었다. 이제 회사 역시 나에게는 공포의 장소로 다가온다. 아직도 그때 일을 말하려고 하면 말이 잘 안 나온다. 나에게 사람과 회사는 경계의 대상이며 두려움의 대상이다. 예전의 성실하고 밝았던 내가 아니다.

문득 퇴사한 지 6개월이 지나고 8~9개월 순간이 왔을 때, 나중에 면접관이 이 기간 동안 뭐했냐고 하면 뭐라고 말하지? 나는 아무것도 한 게 없는데, 아프다고 해야 하나, 어디가 아프냐고 하면 어쩌지? 이런 생각들이 들었다. 아파서 쉬고 있을 뿐이고 나의 인생인데 나중에 일할 때를 대비하고 있었다. 나에게 서른이라는 나이는 그냥 한 해가 지나서 나이가 올라갔을 뿐이다. 하지만 주변에서는 서른이면 취업하기 힘들다는 말을 해왔다. 면접 질문조차 바뀐다는 경험자의 얘기를 듣고 점차 조급해졌다. 남자 친구는요? 결혼은 언제쯤 생각하세요? 아이는 언제 낳을 겁니까? 이런 질문이 들어올 것이라고 한다. 왜 서른 살이 나에게는 큰 걸림돌일까?

서른 살은 문제가 아니다. 잘못도 없다. 하지만 이런 반응들 때문에 자존감은 바닥이 된다.

지금쯤이면 훌훌 털고 괜찮아져야지 왜 그러니, 빨리 회사에 들어가서 자리 잡고 있어야지, 나이 더 먹으면 뽑아 주지 않을지도 몰라 처럼 스스로 나를 향한 비난이 더 심해질 수밖에 없다. 넌 바보니? 지금 사람들 다 힘들어해. 너만 힘든 게 아니야. 왜 버티지 못하고 숨 하나 못 쉬고 있는 거니? 그냥 잊으면 되는 거 뭐가 문제니? 나이는 들어가고 정말 넌 쓸모없다. 서른이 되어서도 가족에게 의지하기 시작하고 다시 취업하지 못하는 멍청이. 난 이런 쓸모없는 내가 싫었다. 괜찮아지지 못하는 내가 싫었다. 그래서 난생처음으로 손목을 그었다.

사실 지금도 백 프로 괜찮아진 건 아니지만 그때를 생각하면 왜 그땐 아래와 같이 생각하지 못하고 내 탓만 하고 왜 서른을 문제 삼았을까 나 자신이 안쓰럽다.

서른이 왜, 서른이 뭐, 하고 싶은 거 했는데 뭐?
아팠는데 그게 뭐?

쉬고 있지만 쉬고 있지 않다.

쉬어도 쉬는 게 아닌

———————— ✖—◇—✖ ————————

　쉬고 있어도 불편한 마음, 쉬는 게 잘하는 건가 싶은 생각, 쉬는
나 자신이 불안한 하루하루
　처음엔 재직 중 휴가와 같았다

　처음 퇴사하고 나서는 당장의 고통으로부터 벗어날 수 있어서 행
복했다. 늦잠도 자고 어느 날은 아무것도 하지 않는 하루를 보내며
재직 중 휴가를 보내는 것처럼 가벼운 마음으로 시간을 보냈다.

　그런데 언제부터인가 쉬고 있는 내가 시간을 낭비하고 있는 것
같은 생각이 들었다. 하지만 정신적으로 아직 일하기 힘들다는 걸
알고 있어서 그런 생각을 지워버리고자 뭔가에 집중해야겠다 싶어
미술 관련해서 이것저것 해보고, 책도 미친 듯이 읽었다. 어느 순간
그림 그리기나 책 읽기도 내가 무엇인가라도 해야 한다는 생각 때문
에 하고 있는 것이지 즐기고 있는 취미가 아니었다. 그래서 독서에
목표를 정하기보다는 읽고 싶을 때 읽고 그림도 그리고 싶을 때만
하자고 다짐했다.

조급한 마음에 재취업을 위해 준비하기 시작했다

취미 아닌 취미를 없애고 다시 할 일 없는 하루로 돌아오니 뭘 해야 할지 모르는 내가 있었다. '나중에 다시 취업할 테니 이력서와 자기소개서 경력 기술서를 수정해두자.'라는 생각이 다시 들어 다시 취준생 모드로 들어갔다. 수정하면서 다시 회사에서 겪었던 일들이 떠올랐다. 하지만 경력 기술서 수정을 멈출 수가 없었다. 멈추고 다시 가만히 있으면 내가 쓸모없는 사람이 된 것 같아서, 다시 또 시간 낭비하는 것 같아서.

편안하게 쉬고 싶지만 쓸모없는 존재가 될까 봐.

이직과 관련된 책, 면접 관련 책들을 읽으며 면접도 준비하기 시작했다. 참 우스운 꼴이다. 밖에도 두려워서 나가지 못하면서 면접 준비라니 스스로도 이해할 수 없는 태도였지만 이거라도 해야지 내가 마음이 편했다. 퇴사 초반을 제외하고 모두 의무적이거나 안 좋은 기억들을 떠올리게 하는 너무 괴로운 행위였고, 시간이었다.

물론 이런 내가 답답해서 여행을 가기도 했다. 시골에 숙소를 예

약하고 휴대폰이나 TV를 보지 않고 책을 읽고 예약한 숙소의 마당
을 거닐기도 했다. 그때는 너무 행복했다.

하지만 다시 돌아오면 그 여행에 따른 비용과 시간의 흐름이 나
를 불안하게 했다. 여행이 끝나고 돌아온 날 휴대폰을 켜보니 배경
화면에는 내가 설정해 놓은 D-day가 날 반겨주었다.

'쓸모없는 식충이'라는 글과 함께 퇴사한 지 얼마나 지났는지 친
절하게 알려주고 있었다.

일을 할 수 없는 걸 알지만 진짜 쉬는 법을 모르겠다.

난 꾸준히 정신건강의학과에서 상담을 받고 약물 치료도 병행
하고 있다. 처음에는 산책을 권유받았다. 그래서 마음먹고 밖에 나
갔다. 나가보니 부장이라는 사람에게 상처받은 것이 생각나 사람들
이 무서웠고 모르는 사람들은 더더욱 날 숨 막히게 했다. 의사 선
생님은 산책이 나에게 아직 많이 버겁다는 것을 알고 두 번째로 집

에서 운동과 집안일을 권유하셨다. 처음에는 열심히 했다. 어느 순간 '누군가는 직장에서 일이 있는 이 시간에 나는 왜 이러고 있는가. 이건 회사 다니면서도 했던 것이다. 왜 지금은 이러고 있는가.' 라는 질문과 '이게 내가 꿈꾸는 삶이 아닌데 태평하게 이러고 있는 게 맞을까'라고 생각하며 힘을 낼 수 없었다. 병원에 가서 다시 일을 할 생각이라고 말했다. 의사 선생님은 단호하게 말씀하셨다. 아직 일하는 건 불가능하다고 행여 초반에 참고 회사에 다니다가 시간이 지나면 큰일이 날지도 모른다고 말리셨다. 의사 선생님은 나에게 우선 편안하게 쉬는 시간을 보내고 내가 괜찮아진 후 재취업을 다시 고민해보자고 하셨다.

사실 그건 내가 더 잘 알고 있었다. 난 지금 일을 할 수 없는 상태이고 일을 잘할 수 있을지 회사에 다닐 수 있을지 끝없이 고민하며 결국 못할 거라는 걸 너무나도 잘 알고 있었다. 일하기 전에 내가 면접에서 말도 못 할 것이라는 걸, 아니 면접도 못 갈 것이다. 어쩌면 입사 지원조차 못 할 것이다. 아직 마음속에서 하루하루가 불편하고 힘들다. 쉬고 있지만 쉬고 있지 않다. 행복한 쉼이란 뭘까?

"

단 하루라도 마음 편하게 보내고 싶다.

당당하게 넘어지고 당당하게 일어서기

31살 길거리에서 넘어졌다.

오늘 길거리에서 넘어졌다.

원래의 나였다면 쪽팔림에 서둘러 일어나 도망쳤겠지만, 오늘은 그 자리에서 손바닥도 털고 무릎도 툭툭 털고 상처까지 확인하고 아프다고 혼잣말까지 하면서 걸어갔다.

오늘 길거리에서 얼마나 대차게 넘어졌는지 손이 까진 건 물론이고 청바지를 입은 무릎에서는 피까지 흘렸다. 눈물까지 찔끔 흐른 듯하다. 지금의 내 상황을 생각하며 걷다가 넘어진 거라 더 서럽고 아팠다. 우울증과 공황장애는 괜찮아질 기미가 안 보이고 미래에 대해 정신없이 생각하며 걸어가다가 바닥이 움푹 파인 걸 모르고 넘어졌다.

앞뒤로 사람이 있었고, 사람들이 많은 거리에서 넘어졌다. 평소라면 바로 후다닥 일어나거나 너무 아프면 넘어진 상태로 앉아 있다가 머리카락으로 얼굴을 가린 상태로 쓱 하고 일어나 조용하게 갈 것이다. 그런데 오늘따라 '언젠간 넘어질 순간이 올 거라 생각했는데 오늘이네.'라는 생각이 들었다.

난 항상 인생에 한 번 이상의 위기는 있을 거라고 생각했다. 요즘 나의 고민은 내가 감당할 수 있을 정도를 넘어섰고 인생의 위기를 맞닥뜨린 날이 바로 고민을 하다가 넘어진 오늘의 나라고 생각했다. 그래서인지 평소와 다르게 툭툭 털고 일어서고 싶었다. 아프다는 소리도 하고 싶었다. 상처도 확인하고 싶었다. 평소처럼 모른 척하고 남의 눈치를 보고 싶지 않았다.

위기를 맞닥뜨린 내가 지금 이만큼 상처 입었구나, 너무 힘들다고 말도 하고 싶었구나, 넘어졌지만 다시 툭툭 털고 다시 일어설 수도 있구나를 확인하고 싶었나 보다. 그래서 평소의 나라면 생각할 수도 없는 당당하게 넘어지고 당당하게 일어서기를 오늘 했다.

내가 앞으로 살아가면서 우울증과 공황장애를 겪으며 백수 생활을 하는 것보다 더한 인생의 고통이 올 수도 있고, 더 심하게 넘어질 수도 있다. 그래서 당당하게 넘어지고 당당하게 일어서기를 연습해보고 싶었다.

그리고 안 아픈 척, 괜찮은 척, 남들 눈치를 보느라 과거와 같이 나의 마음과 몸에 상처를 주기보다는 지금은 나를 먼저 돌봐주고 싶었다.

넘어진 곳이 많이 아프다.

"

하지만 넘어진 것도 다시 난 일어섰으니
언젠가 이 힘든 순간도 극복하고 일어설 수 있겠지?

아직도 그때의 나는 존재합니다.

당신에게도 나는 존재합니까?

이제 막 전철을 탔을 때였다. 옷을 얇게 입었는데 전철 속이 이상하리만큼 왜 이리 덥게 느껴졌는지 모르겠다.

가면 갈수록 숨이 막혀왔다. 같이 탄 친구에게 '나 몸이 안 좋아서 끝 쪽에서 기대 있을게'라고 말한 뒤부터 기억이 잘 나지 않는다. 숨이 너무 막히고 어지러워 눈앞이 캄캄해져 왔다.

마침내 다섯 개 역을 겨우 버텨 내릴 수 있었고 내리자마자 의자에 쓰러지듯 누웠고 마스크를 쓰고 있었지만 숨이 막혀 숨을 쉬기 위해 크게 숨을 쉬고 또 쉬었다.

나는 이런 상황이 올거라고 생각했던 건 아니었지만, 기분은 좋지 않았다. 꿈에서 내가 직장 내 괴롭힘을 당할 때와 똑같은 상황이 반복되었기 때문이다. 꿈에서 부장은 자신이 주도한 직장 내 팀 따돌림 상황에서 나를 조롱하는 듯 말을 해왔다. 꿈에서 깬 뒤 난 아직 내가 그때를 기억하는구나! 라고 간단하게 생각만 하고 끝냈다. 심각하게 생각하지 않았던 이유가 내가 퇴사한 지 당시 벌써 1년 6

개월 정도 지났기 때문이다.

그래서 처음 지하철에서 공황장애 증상이 왔을 때도 공황장애라고 전혀 생각하지 못했다. 왜? 벌써 많은 시간이 흘렀기 때문에.

하지만 나의 머리는 많이 흐른 시간을 이해했지만 나의 마음은 그 시간들을 이해하지 못한 모양이다. 머리는 '괜찮아. 넌 다 잊고 잘살고 있어'라고 나 자신에게 말하고 있지만 마음은 '넌 아직 힘들어. 출근길과 비슷한 노선만 타도 넌 벌써 그때를 생각하는걸.'이라고 말하고 있었다.

나는 친구에게 집에 들어가 보겠다고 했고 친구는 그러라고 했다. 친구는 집까지 날 데려다주는 데 밖에서 아무리 누워있고 약을 먹어도 정신을 차리지 못했다고 한다. 나도 역무실에 잠깐 가서 양해를 구해야 하는 건가 아니면 내가 지금 응급상황인데 공황장애랑 헷갈리는 건가 싶은 정도였다.

하필 집으로 가는 길은 내가 직장에서 집으로 퇴근길과 일치했고 아무리 쉬어도 괜찮아질 수가 없었다. 심장을 누가 못 뛰게 꾹

잡고 있는 듯했다. 마치 지하철 속 산소가 부족해서 내가 숨을 못 쉬는 듯했다. 난 친구에게 계속해서 물었다. '나 숨 쉬고 있지? 여기 숨 쉴 수 있는 곳이지? 회사 사람들은 없지?' 친구는 걱정하지 말라며 쓰러지려는 나를 안아주었다.

머리에도 이해시켜주고 싶었고 마음에도 걱정하지 말라고 알려주고 싶었는지 난 계속 마음속으로 '난 내일 출근을 하는 것도 아직도 괴롭힘을 당하는 것도 아니야. 괜찮지 않은 걸 누구보다 잘 알고 있어. 그래서 내일도 그다음 날도 출근 안 해도 괜찮아.'라는 말을 반복했다. 친구에게 물어보기도 했다.

치료를 받으면서 머리와 마음은 따로라는 얘기를 들은 적 있다. 몸은 거짓말을 하지 않는다고. 마음이 괜찮지 않아서 몸에게 신호를 주는 것이라고 의사 선생님은 말씀하셨다.

난 인정하기로 했다. 아직 그때의 나는 나에게 아픈 존재로 존재합니다. 그때의 나는 당신에게 존재합니까? 나에게 미안한 마음을 가지고 살아갔으면 하는 게 나의 솔직한 마음이지만 당신은 그러지

않을 테니 나 같은 아픈 존재는 두 번 다시 만들지 마세요. 난 아직
도 회사가 무섭습니다.

"
나를 직장에서 괴롭히던 그 사람에게 나는 부탁합니다.

음. 제 직업은요…….

그냥 글 쓰는 사람입니다.

백수 생활을 하면서 가장 민망할 때가 있다. 직업이 무엇이냐고 누군가 물어올 때와 가족들이나 혹은 내가 직장 다니던 걸 기억하고 있는 사람들이 직장은 아직 거기에서 일하는 지와 회사 잘 다니고 있냐고 물어볼 때이다.

그럴 때면 '아닙니다. 저 잠시 쉬고 있습니다.'라고 말하는 것이 올바른 답일 것이다. 그게 진실이기 때문이다. 내가 백수라는 것이 누군가가 피해를 보거나 내가 피해를 준 것은 아니기 때문에 진실대로 내가 백수라는 것을 말해도 괜찮다.

하지만 난 있는 그대로 말하지 못하고 있다. 사실대로 말한다면 사람들은 왜냐며 이유를 물어보거나 아니면 날 난처하게 했다는 듯 미안해하기 때문이다. 전혀 미안할 필요도 없는데 말이다. 그들의 마음은 충분히 이해한다.

솔직히 말해서 정말 잠시 쉬게 되었다면 퇴사한 지 초반의 나처럼 잠시 쉬고 있다고 말할 수 있겠지만 이리 길게 쉬니 잠시 쉬고 있다고 말하기도 스스로가 민망하다.

　그래서 한참 고민해봤다. 아! 난 글을 쓰고 있었다. 그래서 직업을 물어본다면 언제부터인가 소소하게 글을 쓰고 있다고 했다. 그럼 사람들은 순순히 그 상황을 작가로 적어 넘어가 주거나 그에 관해 질문을 하기 시작한다. 정말 대단하게 글을 전문적으로 쓰는 사람도 아닌 내가 그런 말을 해도 괜찮나 싶기도 하고 대답을 하다 보면 책 한 권 낸 적도 없이 그런 말을 했다는 게 민망해지기도 한다.

　어쩌면 오늘 이 글은 어제 직업이 뭐냐는 질문에 글 쓰는 사람입니다 라는 좀 더 당당하게 하기 위해 이 글을 적고 있는 것일지도 모르겠다.

　하지만 난 그 대답을 멈출 수가 없다. 당분간 내가 괜찮아질 때까지 대답은 한결같을 것이다. 비록 소속된 곳이 없는 백수이지만 내가 하고 싶은 일을 하고 있고 글을 쓰고 있으니 글을 쓰는 사람은 맞지 않은가, 공황장애에 숨을 헐떡이며 출퇴근 지하철을 타고 괴롭힘을 당하면서 속은 찢어지지만 아무 일 없는 듯 무표정으로 하루하루를 버티는 것보다는 누군가가 직업이 뭐냐는 질문에 웃으며 대답을 한다는 것 그것만으로도 난 행복하다.

　음……. 제 직업은요.

"

글 쓰는 사람입니다.

백수에 마음이 아픈 환자라도 수고했어, 오늘도

나도 오늘 하루도 열심히 살았다.

―――――――――― ×× ―◇― ×× ――――――――――

백수라고 해도 매일을 쓸모없이 보내는 것은 아니다.

정신병 환자에서 일반인으로 되돌아가기 위해 매일매일 목표를 잡고 살아가고 있다.

백수가 된 지 어느덧 3년이 다 되어 간다. 백수가 하는 게 뭐가 있냐고 의아해하는 사람들이 내 주변에 많다. 난 백수이기도 하면서 환자이기 때문에 더욱 우울하게 집에만 있다고 생각하는 사람들이 많다.

그런데 알고 보면 나는 매일 목표를 세워서 살아가고 있다. 우울증과 공황장애 극복을 위해 아침, 저녁으로 산책을 하고 있고 또한 매일 저녁 자기 전이면 하루에 감사했던 것들을 생각하며 최대한 긍정적으로 지내고 있다.

새 생명이 탄생하는 순간도 나에게는 기쁘기 때문에 봉우리에서 막 피어난 꽃이나 누군가가 가꿔놓은 화단을 사진 찍기도 한다.

내가 3년 차 백수여서 여유롭게 지내는 것은 사실이지만 시간을 버리고 사는 것은 아니다. 지금 이렇게 글을 쓰고 있는 이유도 그런 편견을 없애기 위해서이며 혹시라도 무기력함에 빠져있는 사람들에게 나의 백수 생활을 공유하여 조금이라도 함께 무기력함에서 벗어났으면 하는 바람으로 글을 쓴다.

백수 정신병 환자이지만 나는 오늘 열심히 살고 있다. 앞으로 백수 생활에도 열심히 살아갈 것이다.

"

나 자신, 오늘도 수고했어.

돈은 못 벌지만 돈으로 살 수 없는 행복

노는 게 제일 좋아.

———— ✕ ◇ ✕ ————

돈으로는 살 수 없는 백수만의 행복이 있다.

집에서 쉬는 것은 직장인들의 꿈이 아닌가! 오죽하면 꿈이 돈 많은 백수라고 하는 사람이 많을 정도이다.

한쪽 마음은 불편하지만 직업 없이 집에 있는 것이 좋다. 세상에는 재미있는 일이 너무 많고 계속 생겨난다. 누워만 있어도 시간은 간다. 낮에 에어컨이고, 선풍기고, 창문에서 불어온 바람이고 그냥 솔솔~ 바람만 불어도 그것만으로도 잠이 온다.

자신의 취미생활 역시 할 수 있다. 나는 출퇴근이 각각 2시간으로 총 4시간의 직장에 다녔었다. 야근 없이 일이 끝나고 집에 도착한다 해도 이미 녹초가 되어 쓰러져버린다. 결국 회사에 다니며 시도했던 취미는 한 3일 정도까지 하다가 피곤해서 포기했다. 하지만 현재는 시간을 자율적으로 쓸 수 있다. 자신이 가장 효율적이라고 생각하는 시간에 효율적인 일들을 할 수 있다. 공부를 하고 싶은 이들은 시간을 정해서 하기도 하고 취미생활을 할 때는 하고 싶을 때에 끝까지 할 수 있다. 커피 한 모금도 다르다. 아침부터 살려고 샷 추가까지 하던 내가 아침에 일어나 여유롭게 커피를 즐긴다. 원두

별 커피 맛도 다르게 느껴질 정도이다. 회사에서 때려 마시는 것과 다르다.

그리고 가장 행복을 느낄 수 있는 것은 내가 증오하고 아무리 이해하려 해도 왜 저러고 사는 건지 이해할 수 없는 미친 직원을 안 봐도 괜찮다는 것이다. 아니 저런 소리를 왜 회의까지 잡고 하는 거지? 왜 말을 저따위로 하지? 잘못은 내 탓이고 성과는 네 덕이지? 퇴근할 때면 본인은 술 한잔을 하러 가면서 나에게 일을 주고 가는 건 뭐지? 이 외에도 갖가지 짜증, 더러운 인간관계가 없어서 평화롭게 숨을 쉴 수 있다. 점심 하나도 눈치를 보며 먹고 출근은 당연하게 빨리하지만 퇴근은 늦게 해도 눈치 주는 상사도 없다. 정말 사소한 거에 집착하거나 꼬투리 잡으려고 눈에 불을 켜고 있는 사람도 없다. 정말 이상한 개그나 드립을 치는 사람도 없다. 이 외에 그냥 돈 없는 걸 제외하고 모든 게 행복 아니겠는가.

회사원들 모두 지금 견디고 있을 것이다. 나도 그랬다. 싫어하는 사람이 없는 사람이 어디 있겠냐. 누구에게나 다 사랑받는 사람이 어디 있겠냐. 회사생활이란 그런 것이다. 이유 없이 미움받기도 사랑받기도 한다. 누구보다도 공감한다. 누군가는 가족을 위해, 누군가는 꿈을 위해, 누군가는 생계를 위해 각자의 이유로 회사를 다닐 것이다. 당신이 최선의 노력을 다해 버티고 그 실적을 인정받기는 커녕 뺏겨도 버티는 것이 회사일 것이다. 나도 그렇게 버텨왔으니, 하지만 단 하나 자신의 인격을 밟아 버리는 회사라면, 숨이 막힐 정도라면, 죽고 싶을 정도로 싫다면, 세상이 싫어질 정도라면, 회사에서 사원이나 일 못하는 직원이라 불리는 건 괜찮지만 저거, 이거로 불리거나 사람대접받지 못해 자신의 인간성을 상실한다면 빨리 나오길 바란다.

"
노는 게 제일 좋아.

주저앉지만은 않으리라.

다시 일어서다.

난 더 이상 사람들을 만나지 않고 집에만 있는 내가 싫었다. 잘못을 한 사람은 내가 아닌데 왜 내가 웅크리고 있어야 하는가? 라는 의문이 들었다. 그래서 치료를 더 열심히 받았다. 약물치료도 여전히 받았으며, 일주일에 한 번씩 상담 치료를 받았고 밖을 산책 나가는 횟수와 거리도 서서히 넓혀갔다. 이렇게 치료받으면서 난 나에 대해 조금 더 잘 알아가게 되었고 마음의 여유를 가지게 되었다.

그러면서 우울증을 많이 극복하였고, 공황장애는 증상이 나타나지 않아 담당 교수님의 처방으로 약을 끊은 상태이다. 이렇게 살만한 상태가 되니 사회에 다시 나가고 싶어졌다. 요즈음 내 나이 또래의 사람들이 출퇴근하는 것을 보면 '나도 출퇴근할 때가 있었는데', '나도 일할 때가 있었는데'라며 그들이 부러워졌다. 이 정도로 괜찮아졌으니 사회로 다시 나가도 될 일 아닌가? 생각하고 나는 노트북을 켰다. 구직 사이트들을 켜고 로그인했다. 이력서들을 다시 한번 읽고 수정할 부분들을 수정하고 이력서 제출 버튼을 눌렀다.

며칠이 지났을까 문자 한 통이 왔다. '안녕하세요. 헤드헌터 *** 입니다. 저희 포지션 관련하여 제안드리고자 연락드립니다.'라고 시작하는 문자는 곧이어 메일로 왔다. 읽어보니 규모가 꽤 큰 회사였으며, 복지도 좋았고 무엇보다도 집과 그리 멀지 않아서 좋았다. 난 메일로 긍정의 표현을 했으며 이내 면접을 잡기 위한 전화가 왔다. 면접은 일주일 후로 잡혔고 그때부터 면접 준비를 시작했다.

자기소개부터 읊어보기 시작했다. 내가 했던 일을 나열하여 말하는데 뭔가 뭉클했다. 내가 가기 위한 회사에 대해 알아보고 정리하고, 예상 질문에 대한 대답을 정리하고 읊어보며 처음부터 차근차근 준비했다.

면접 당일이 됐다. 면접 복장을 입으니 첫 면접을 보던 그때가 생각이 들었다. 내가 어떻게 4년 넘게 회사생활을 해왔는지 궁금하면서 대견했다. 얼마나 긴장이 됐는지 손에 땀이 가득했다. 집 밖을 나서자 해가 쨍쨍했으며 바람까지 솔솔 불어왔다.

면접을 볼 회사가 있는 곳까지 지하철을 타야 했다. 지하철에 타서 난 생각했다. 비록 면접에서 떨어질 수 있겠지만 면접부터가 사회에 내가 다시 내딛는 첫 발걸음이며, 도전이다. 만약 합격을 한다면 회사생활은 힘들 것이다. 그것은 내가 누구보다 잘 알고 있다. 전처럼 이상한 상사가 있을 수도 있으며 일이 너무 많아 고될 수도 있다. 하지만 난 치료를 받으면서 더 단단해져 왔다. 그래서 난 이러한 어려움도 견뎌내고 버틸 수 있을 것이며 난 앞으로 뭐든 잘 해낼 수 있을 것이다.

어느덧 면접 보는 회사에 도착했다. 면접 장소에 도착해서 8층에 올라오라는 안내받았다. 8층에 도착해 면접장 문을 열었다. 문틈 사이로 면접관들이 보였다. 난 당당하게 말했다.

“

안녕하십니까!

에필로그

오늘도 뉴스에서는 '직장 내 괴롭힘에 대한 유서를 남긴 채 극단적인 선택'이라는 헤드라인의 소식이 흘러나온다.

'모욕적 언사와 동료들이 보는 앞에서 면박을 주는 일이 지속적으로 자행돼 왔으며 가해자를 신고했지만 피해자 보호가 이뤄지지 않아 결국 목숨을 끊었습니다.'라며 앵커는 뉴스를 이어 나간다. '직장 내 괴롭힘 금지법이 시행된 지 4년이 다 됐지만, 우리는 여전히 직장 내 괴롭힘을 겪고 있고, 괴롭힘 경험자 절반은 심각한 괴롭힘을 겪고 있는 것으로 조사됐습니다. 이 중 극단적 선택까지 고민하고 있는 직장인까지 있고, 법이 규정한 조사·조치 의무 및 불리한 처우 금지 조항은 지켜지지 않고 있다.'는 멘트로 뉴스는 끝난다.

우리라고 다를 게 있을까? 나와 맞지 않는 직장 상사, 동료, 후배가 주는 괴롭힘에 힘겨워하면서 집을 나서고 있지 않은가. 많게는 고통스러워하면서, 고통의 정도가 견딜 수 없으면 병원에 다니며, 더 심각하게는 극단적 선택을 생각하며.

이를 해결하기 위해서는 개인이 바뀌어야 할 뿐만 아니라 사회 전반이 나서야 한다. 직장 내 괴롭힘 문제는 이제 더 이상 개인 차원의 문제가 아니라, 사회·국가적 차원에서 대응해야 할 문제로 인식해야 한다. 직장 내 괴롭힘 근절을 위해 이해와 공감의 폭을 넓히고 사각지대를 없애는 법 개정이 필요하며 불합리한 사항을 적극 개선하고 건강한 조직문화를 만들어 나가야 한다.

우리가 회사에 대해 가장 많이 하는 질문 중 하나가 하루 중 제일 많은 시간을 보내는 곳이 어디인가? 이며 대부분의 직장인들은 직장에서 동료들과 보내는 시간이 가정에서 보내는 시간보다 훨씬 많다고 대답한다. 이런 직장이 일터가 아닌 전쟁터가 되어서는 안 되지 않은가. 물론 사람마다 제각기 생각하는 것이 다르기 때문에 갈등은 생기기 마련이다. 이를 최소화하기 위해서는 한쪽이 일방적으로 맞추는 것이 아닌 서로 함께 노력해야 한다. 상대를 존중하는 마음을 바탕으로 서로의 입장을 고려하고, 자신의 생각을 이야기하다 보면 이해할 수 있는 부분들이 점점 많아지게 될 것이다. 또한 상대방은 직장 동료이기 전에 누군가에게 자녀이자 부모이며 친구로서 소중한 존재임을 잊어서는 안 된다.

직장 내 괴롭힘으로 고민하고 있는 분들이나, 힘들어하고 있는 분들이 있다면 혼자만 힘들어하지 말고 함께 나누고 싶었다. 이 책을 통해 세상의 모든 직장인들에게 진심 어린 위로와 응원을 보내고 서로 존중하는 직장에서 일했으면 좋겠다는 바람을 가져본다.

그렇게 당신의 지친 마음을 조금이나마 다독여 줄 수 있기를 바란다. 그대가 홀로 힘들어하지 않았으면 좋겠고 이 책을 통해 회복과 치유로 당신의 삶도 희망으로 다시 일어설 수 있기를 소원한다.

회사가 무서워요

발 행 일 ❘ 2023년 7월 25일

지 은 이 ❘ 이순남
펴 낸 이 ❘ 배수현
표지디자인 ❘ 유재헌
내지디자인 ❘ 천현정
제 　 작 ❘ 송재호
홍 　 보 ❘ 배예영
물 　 류 ❘ 이슬기
문 　 의 ❘ 안미경

펴 낸 곳 ❘ 가나북스 www.gnbooks.co.kr
출판등록 ❘ 제393-2009-000012호
전 　 화 ❘ 031)959-8833(代)
팩 　 스 ❘ 031)959-8834

ISBN 979-11-6446-072-4(03190)